MAGDEBURG

MANFRED ZANDER / MALTE ZANDER

WEITERE REISEFÜHRER AUS UNSERER REIHE
Braunschweig · Burgen in Sachsen-Anhalt · Burgen in Thüringen ·
Chemnitz · Erfurt · Göttingen · Halle (Saale) · Hildesheim ·
Jena · Oldenburg · Die Weinstraße Saale-Unstrut ·
Wittenberg – Dessau – Wörlitz. Die UNESCO-Welterbestätten · Zeitz

mitteldeutscher verlag

Blick von der Sternbrücke auf Hubbrücke, Dom, Kloster Unser Lieben Frauen und Johanniskirche

TOP-TIPPS

DOM
Der Dom ist die älteste gotische Kathedrale auf deutschem Boden und das Wahrzeichen der Stadt. Sehenswert sind die Paradiespforte mit den klugen und törichten Jungfrauen und die Gräber Ottos I. und seiner Frau Editha.   S. 41

KLOSTER UNSER LIEBEN FRAUEN
Das älteste Gebäude der Stadt, das Kloster Unser Lieben Frauen (ab 1063 errichtet), beherbergt heute ein Kunstmuseum und eine Konzerthalle. Schmuckstücke sind der zweigeschossige Kreuzgang und das Brunnenhaus.   S. 60

DIE GRÜNE ZITADELLE VON MAGDEBURG
Der von Hundertwasser konzipierte Bau leuchtet rosafarben am Breiten Weg. Zinnen, Türme und Ziegelsteinelemente nehmen Bezug auf Magdeburgs Geschichte als Festungsstadt und kontrastieren mit den grünen Dächern.   S. 53

OTTO-VON-GUERICKE-MUSEUM
Dem berühmtesten Sohn der Stadt ist ein Museum in der Lukasklause gewidmet. In einem früheren Festungsturm erfährt der Besucher einiges über Guerickes Leben und Forschung, allem voran über seine Versuche mit dem Vakuum.   S. 94

ELBAUENPARK
Der jüngste Magdeburger Park ist besonders abwechslungsreich. Rasenflächen gibt es ebenso wie kleine Haine oder fantasievolle Gartenlandschaften. Die Sommerrodelbahn ist ein besonderes Vergnügen für Besucher.   S. 100

ENTDECKER-TIPPS

GRUSON-GEWÄCHSHÄUSER
Der Industrielle Gruson hinterließ Magdeburg seine Kakteensammlung und Geld, mit dem die Stadt die Gewächshäuser am Klosterbergegarten errichtete. Neben Kakteen gibt es auch Palmen und exotische Tiere zu sehen.   S. 72

WISSENSCHAFTSHAFEN
Der 1893 eröffnete Handelshafen war schnell zu klein für die wachsende Bedeutung Magdeburgs. Im heutigen Wissenschaftshafen gibt es gute Einblicke in das Hafenwesen mit Hafenbahn, Schleppdampfer und Schwimmbagger.   S. 105

MAGDEBURGER REITER
Über dem Alten Markt thront der Magdeburger Reiter. Die Magdeburger sehen in ihm ihren Kaiser Otto I. Das Sandsteinoriginal des ältesten frei stehenden Reiterdenkmals nördlich der Alpen steht im Kulturhistorischen Museum.   S. 24

BASTION CLEVE
2004 wurden die Reste der aus dem 16. Jahrhundert stammenden Bastion Cleve gefunden. Anschließend wurden sie restauriert und mit der Elbuferpromenade verbunden. Ein Modell zeigt die frühere Festung Magdeburg.   S. 68

ZOOLOGISCHER GARTEN
Im Norden der Stadt befindet sich der Magdeburger Zoo. Rund 1.000 Tiere aus 180 Arten tummeln sich hier. Highlight ist die Afrika-Anlage „Africambo" mit Spitzmaulnashörnern, Giraffen und Zebras.   S. 106

Magdeburg ist eine alte Stadt. Kaiser Karl der Große ließ ihren Namen, der damals noch „Magadoburg" lautete, zum ersten Mal aufschreiben. Das war im Jahre 805. Patina hat Magdeburg jedoch trotz seines Alters nicht ansetzen können. Nur wenige Häuser der Altstadt sind wirklich alt. Ein paar Stunden genügten, um am 10. Mai 1631 aus einer der schönsten und reichsten Metropolen des Mittelalters einen Aschehaufen werden zu lassen, nur eine knappe halbe Stunde dauerte es, um am 16. Januar 1945 eines der wichtigsten deutschen Wirtschaftszentren zu zertrümmern.

Wer den heute evangelischen Dom St. Mauritius und St. Katharina, die katholische Bischofskirche St. Sebastian oder die großen Pfarrkirchen der Innenstadt besucht, bekommt einen Eindruck von der einstigen Pracht Magdeburgs und ahnt die kulturellen, geistigen und materiellen Verluste. Dennoch ist erstaunlich viel Sehenswertes erhalten geblieben. Das wird richtig sichtbar, seit vor etwa zwei Jahrzehnten begonnen wurde, viele der noch vorhande-

Martin Luther predigte auch in Magdeburgs Johanniskirche

nen Bürgerhäuser zu sanieren und zu restaurieren. Ein Prunkstück ist die Hegelstraße als ein Zeugnis der Stadterweiterung nach 1870. Gleiches gilt für die etwa zur selben Zeit entstandenen prachtvollen Wohngebäude rund um den Hasselbachplatz. Der Breite Weg, einst eine weit bekannte Barockstraße, zeigt heute spannungsvolle architektonische Gegensätze. Wo sonst gibt es in Deutschland einen Ort, an dem Barock und Gegenwärtiges, Gotik und Hundertwasser so enge Nachbarn sind? Mit der Bastion Cleve, der Möllenvogtei, dem Möllenvogteigarten und dem einzigen noch erhaltenen Stadttor lebt in der Nähe des Doms ein Stück Mittelalter wieder auf. Die Johanniskirche, eine der ältesten Pfarrkirchen der Stadt, erhielt durch Spenden der Magdeburger ihre Turmspitze, das Dach und ein Innenleben zurück. Auch die ebenfalls kriegszerstörte Sternbrücke ist wieder neu erstanden. Ebenso griffen die Bürger für die Domorgel, den Roland, den Hirsch auf dem Alten Markt und für das Denkmal der Königin Luise im Geschwister-Scholl-Park in ihr Portemonnaie … Magdeburg ist eine bewundernswerte Stadt.

Seit 1990 ist Magdeburg Landeshauptstadt des damals wiedergegründeten Bundeslandes Sachsen-Anhalt. Damit knüpfte die Stadt an ihre Rolle als das politische Zentrum der Region an, die sie in mehr als tausend Jahren innehatte: Magdeburg war Königs- und Kaiserpfalz, erzbischöfliche Residenz, Hauptstadt des Herzogtums Magdeburg und schließlich der preußischen Provinz Sachsen. Durchaus ungewöhnlich angesichts der wechselhaften Geschichte der Stadt ist es, dass noch immer am gleichen Platz regiert wird, wo vermutlich bereits Otto der Große (912–973) Privilegien erteilte und Gesetze erließ: am heutigen Domplatz. Der ist mit dem Landtag und dem Justizministerium nicht nur das wichtigste Verwaltungszentrum im Land, sondern wegen der einzigartigen gotischen und barocken Architektur an der Süd-, Ost- und Nordseite einer der schönsten Plätze weit und breit.

VERANSTALTUNGS- KALENDER

JANUAR
TOURISMA & Caravaning Magdeburg Tourismusmesse um die Themen Urlaub, Freizeit und Caravaning. www.expotecgmbh.de

MÄRZ
Magdeburger Telemann-Festtage Alle zwei Jahre (2014, 2016) kommen Künstler von internationalem Rang mit außergewöhnlichen Interpretationen der Werke Telemanns in dessen Geburtsstadt. www.telemann.org

APRIL
Maifest im Rotehornpark Für mehrere Tage verwandelt sich Ende April der Rotehornpark in einen Schauplatz bunten Treibens. Neben musikalischer Unterhaltung gibt es auch einen Vergnügungspark, ein Kinderfest und ein Oldtimer-Treffen. Höhepunkt ist das Volksfest am 1. Mai.

MAI
Magdeburger Festungstage Die Freunde der Festung Magdeburg e.V. bringen die Geschichte der Festung ins Bewusstsein zurück. Neben Ausstellungen und Vorträgen gibt es ein historisches Feldlager und Vorführungen. www.festungmark.de

Irish Folk Festival Drei Tage lang lädt die Festung Mark bei Folk und Livemusik aus Irland und Deutschland zum ausgelassenen Tanzen ein. www.festungmark.de

Lange Nacht der Wissenschaft Die Stadt Otto von Guerickes ist Universitäts- und Hochschulstandort sowie Sitz zahlreicher Forschungsstätten. Seit 2006 laden sie jährlich zur Langen Nacht der Wissenschaft. www.magdeburg.de/wissenschaft

JUNI
Spectaculum Magdeburgense Zum Spectaculum auf der Festung Mark mischen sich Ritter und Knappen, Minnesänger und Spielleute, Hexen und Wahrsagerinnen, Handwerker und Gaukler unter die Magdeburger. Historisches Markttreiben, Konzerte, Theater, Feuershows, Workshops, Lagerleben und allerlei Gaukelei sorgen für Unterhaltung und Spaß. www.festungmark.de

Magdeburger Europafest Immer zu Pfingsten lädt die Magdeburger IG Innenstadt zum großen Stadtfest auf den Breiten Weg. An drei Tagen erklingt Livemusik, treten Künstler auf, geben Fahrgeschäfte und Händler der Stadt ein buntes Gepräge, das jährlich auch Zehntausende Besucher aus dem Umland in die Stadt zieht.

DomplatzOpenAir Unter freiem Himmel vor der imposanten Kulisse des Magdeburger Doms können Jung und Alt ein einmaliges Musical-Erlebnis genießen. www.theater-magdeburg.de

Internationales Figurentheaterfestival „Blickwechsel" Das Puppentheater Magdeburg richtet zweijährlich das Figurentheaterfestival „Blickwechsel" aus, bei dem auch zahlreiche internationale Künstler mitwirken. www.blickwechselfestival.de

AUGUST

BALLOON FIESTA Magdeburg Alljährlich im August vergnügen sich die Magdeburger beim Ballonglühen im Elbauenpark. Neben einem bunten Rahmenprogramm bieten unzählige Ballons einen spektakulären Anblick am Himmel. www.balloonfiesta.de

SEPTEMBER

Magdeburger Literaturtage Seit 2005 veranstaltet das Literaturhaus Magdeburg die Magdeburger Literaturtage, die um die drei Wochen dauern und jeweils mit einem vielfältigen Programm mit Ausstellungen, Lesungen, Festen u. a. m. aufwarten. www.literaturhaus-magdeburg.de

Kaiser-Otto-Fest Zu Ehren Kaiser Ottos des Großen finden rund um den Magdeburger Dom Veranstaltungen statt. Neben Ritterturnieren und einem Abenteuerlager für Kinder wird auch die Kaiserkrönung Ottos nachgestellt. www.kaiserottofest.de

Tag des offenen Denkmals An jedem zweiten Sonntag im September können Magdeburger und deren Gäste Bauwerke ihrer Stadt besuchen, die sonst nicht oder nicht mehr zugänglich sind. www.tag-des-offenen-denkmals.de

Weihnachtsmarkt in historischer Kulisse

OKTOBER

Magdeburg-Marathon Seit 2004 findet jährlich der Magdeburg-Marathon statt, der auf verschiedenen Strecken als Kombination von City- und Landschaftslauf an Sehenswürdigkeiten der Stadt und den Elbauen entlangführt. www.magdeburg-marathon.eu

DEZEMBER

Weihnachtsmarkt Sicher einer der kinderfreundlichsten Weihnachtsmärkte in Sachsen-Anhalt mit Märchengasse, Weihnachtsmannsprechstunde und Märchenaufführungen an den Wochenenden. www.weihnachtsmarkt-magdeburg.de

MAGDEBURG FÜR FAMILIEN

Magdeburg ist eine familienfreundliche Stadt. Wo sonst würden Stadtväter gleich neben der teuersten innerstädtischen Wohnlage einen aufwendigen **Abenteuerspielplatz** bauen? In der Hegelstraße toben die jüngsten Magdeburger an Kletterzelten aus Seilen und Tauen, an der Torwand, in Sandkästen, auf dem Trampolin oder an der Seilpyramide. Eltern sollten also viel Zeit mitbringen … Schon die Vielzahl ihrer Parkanlagen macht die Stadt familienfreundlich. Im 200 Hektar großen **Stadtpark Rotehorn** (S. 102) können Tandems, Liliputs, Segways und Rikschas ausgeliehen werden. Und hat die Familie Lust auf eine Bootsfahrt, kann sie sich am **Adolf-Mittag-See** (S. 102) ein Ruderboot mieten.

Im **Elbauenpark** (S. 100) kann in den Spielwällen geklettert und getobt werden. Es gibt eine Sommerrodelbahn, einen Kletterfelsen und einen Klettergarten, einen Irrgarten aus Hecken und Rankgit-

Viele Parks laden zum Entspannen ein

tern, ein Schmetterlingshaus, ein Sportgelände mit Spielfeldern für Ballsportarten, einen Skater- und einen Fitnessparcours sowie eine Frisbeegolfanlage. Im Spiel- und Projekthaus dürfen die Kleinsten nach Herzenslust spielen, basteln und malen. Aus der Panoramabahn kann der Park von oben betrachtet werden. Wissensdurst können Eltern wie Kinder im Jahrtausendturm stillen.

Das **Spaßbad Nautica** (S. 136) lockt mit seiner futuristischen Architektur und seinen vier verschiedenen Erlebniswelten – Wasserwelt, Saunawelt, Fitnesswelt und Nachtwelt. Für Familien mit Kindern ist die Wasserwelt anziehend. Dort gibt es einen besonderen Erlebnisteil für Kinder mit einer Schlangenrutsche und zwei Babybecken. Größere Kinder können auch ins Adventurebecken mit einem Wildwasserkanal, Sprudelliegen und Wasserpilz. Weitere Bäder laden zum Sprung ins kühle Nass.

Die größten Badewannen für die großen und kleinen Magdeburger sind der **Barleber See** und der etwas kleinere **Neustädter See** (Karte S. 99). Am Barleber See gibt es Plätze für Beachvolleyball, Handball und Basketball, Kegel-

bahn und Minigolf sowie eine Surfschule. Fahrräder, Ruderboote, Wassertreter, Sonnenliegen und Schirme können ausgeliehen werden. Am Neustädter See gibt es auch einen bewachten FKK-Strand und eine Wasserski- und Wakeboardliftanlage.

Im **Zoo** (S. 106), dem Mekka für gemeinsame Erlebnisse von Eltern und Kindern, Großeltern und Enkelkindern, leben rund 1.000 Tiere aus 180 Arten. Besondere Anziehungspunkte sind das Giraffenhaus, das Menschenaffenhaus, das Löwengehege, das Gehege der Erdmännchen, die Pinguin-Anlage und die „Africambo" genannte größte Tieranlage des Zoos mit Spitzmaulnashörnern, Giraffen, Zebras und anderen afrikanischen Huftieren. Im Zoo gibt es auch einen ganz besonderen Spielplatz mit Klettertürmen, Hüpftellern und Sandkasten. Favorit bei den Kindern sind allerdings die Rutschen. Auf ihnen können sie direkt in den Streichelzoo sausen.

FESTUNGSSTADT MAGDEBURG

Wie damals üblich hatte auch die Stadt Magdeburg schon im frühen Mittelalter Mauern zur Abwehr äußerer Feinde. Die älteste dieser Stadtbefestigungen stammt aus dem frühen 11. Jahrhundert, allerdings umfasste die sogenannte Geronische Mauer nur die Domimmunität, also nicht die Kaufmannssiedlung um den heutigen Alten Markt. Erst im ausgehenden 12. Jahrhundert wurde Magdeburg unter Erzbischof Wichmann einheitlich mit einer Mauer umschlossen und hatte etwa eine Fläche von 60 Hektar, nach einer Stadterweiterung unter Erzbischof Albrecht II.

von Käfernburg standen dann 110 Hektar innerhalb der Festungsanlagen zur Verfügung. Im Norden der Stadt lag mit der Neustadt eine weitere mauerumwehrte Stadt, die im Süden vorgelagerte Sudenburg hatte nur Erdbefestigungen als Schutz aufzuweisen.

Bis zum Dreißigjährigen Krieg wurden die Befestigungen der Stadt mehrfach verändert und erweitert, allerdings ohne einen alles umfassenden Plan, sondern strikt nach Bedarf und Gutdünken der Verantwortlichen. Dies änderte sich, als 1701 Fürst Leopold von Anhalt-Dessau zum Festungskom-

Romantischer Festungsgraben

mandeur ernannt wurde. Dessen erklärtes Ziel war der Ausbau Magdeburgs zu Preußens stärkster Festung. So wurden beispielsweise eine **Zitadelle auf dem Werder** oder die **Sternschanze** (S. 54) errichtet.

Die Festungswerke dehnten sich immer weiter vor der Stadt aus, was so manchen Festungskommandanten zu der Aussage bewogen haben soll, dass es zwar eine Festung Magdeburg gebe, nicht aber eine Stadt Magdeburg.

Aufgrund der im 19. Jahrhundert erfolgten Stadterweiterung und dem damit verbundenen Abriss vieler Festungsanlagen sind heute nur verhältnismäßig wenige Überreste in der Stadt erhalten. Dabei stammen die meisten aus der letzten Ausbauphase der Festung nach 1850. Dazu gehören beispielsweise die **Defensivkaserne Mark** (S. 93), die heute als Kulturzentrum genutzt wird, oder die **Kavaliere IV bis VI** (S. 103) der westlichen Stadtbefestigung an der Maybachstraße.

Aus derselben Zeit stammt auch das **Kavalier I Scharnhorst** (S. 74) in der Nähe der Sternbrücke, das heute zuweilen als Open-Air-Location genutzt wird.

Alte Stadttore sind in Magdeburg bis auf eine Ausnahme nicht erhalten. Diese Ausnahme findet sich am Domplatz auf dem Weg zur **Möllenvogtei** (S. 58) und stammt aus dem 15. Jahrhundert. Von den mittelalterlichen beziehungsweise frühneuzeitlichen Befestigungen gibt es überhaupt nur wenige Reste, bedingt durch die Zerstörung im Dreißigjährigen Krieg und die danach rege Tätigkeit im Festungsbau. Ausnahmen bilden die **Bastion Cleve** (S. 68) in der Nähe des Doms, die vor einigen Jahren ausgegraben wurde, und die **Lukasklause** (S. 94) im Nordosten der Altstadt, deren Kern ein achteckiger Turm bildet, der schon 1279 Teil der Stadtbefestigung war. In der Nähe der Lukasklause kann man außerdem am Elbufer noch die Überreste des Wittenberger Eisenbahntores besichtigen, das die Einfahrt der Eisenbahn in die Festung schützen sollte. Ein weiteres Eisenbahntor, das Leipziger Eisenbahntor, befindet sich etwa auf Höhe des Doms.

DAS GRÜNE MAGDEBURG

Magdeburg zählt zu den grünsten Städten Europas. Die älteste Parkanlage der heutigen Stadt Magdeburg ist der **Vogelgesangpark** (S. 106), der schon im 14. Jahrhundert angelegt wurde. Allerdings blieb dieser Park zunächst den Bewohnern des Magdalenenklosters und ihren Gästen vorbehalten. Ähnlich verhielt es sich mit der zu einer Parkanlage umgebauten Festungsanlage Fürstenwall und dem ebenfalls aus dem 14. Jahrhundert stammenden **Möllenvogteigarten** (S. 58). Aber schon 1825 ließen die Stadtväter jenseits der Festungsmauern einen Volkspark anlegen, der als

ältester Volkspark Deutschlands gilt. Die Gelegenheit dazu bot die Schleifung des Klosters Berge während der napoleonischen Besatzung wenige Jahre zuvor. Mit dieser Parkanlage, zunächst Kloster-Berge-Garten, dann Friedrich-Wilhelm-Garten, Pionierpark und schließlich heute wieder **Klosterbergegarten** (S. 72) genannt, gab es zum ersten Mal einen Ort, an dem sich alle Magdeburger von der städtischen Enge erholen konnten.

Kurze Zeit später, 1829, bekam Peter Joseph Lenné – der Gestalter des Klosterbergegartens – den Auftrag, den **Herrenkrug** (S. 100)

Blauer Frühling im Nordpark

zu einer Parkanlage umzubauen, so dass die Stadt Magdeburg 1830 bereits über zwei öffentlich zugängliche Parkanlagen größeren Umfangs verfügte. Zur Mitte des 19. Jahrhunderts kam der Vogelgesangpark als weitere Parkanlage hinzu, umgestaltet durch den Gartenbaudirektor Schoch. Im Zuge der zunehmenden Industrialisierung der Stadt und ihrer Vorstädte wuchs der Bedarf an Erholungsflächen aber stetig an, so dass die Stadtväter eine weitere Parkanlage auf der Werderinsel zwischen Strom- und Alter Elbe anlegen ließen. Dieser Park wurde kontinuierlich erweitert und umfasst heute etwa 200 Hektar. Damit ist der **Rotehornpark** (S. 102) die größte Parkanlage Magdeburgs.

Als sich die Stadt um die Jahrhundertwende vom 19. zum 20. Jahrhundert endlich des Festungsgürtels entledigen konnte, wurden Teile der gewonnen Grundstücke auch zur Anlage weiterer Parks genutzt. So entstand ab 1900 der **Fürstenwallpark** (S. 68) unmittelbar südlich des Doms. Außerdem wurde 1895 die frühere Bastion Braunschweig im Norden der Altstadt zum Königin-Luise-Garten – heute **Geschwister-Scholl-Park** (S. 104) – umgestaltet sowie der von Lenné angelegte Nordfriedhof ab 1889 in einen Park umgewidmet. In den 1930er Jahren folgte noch der Volkspark Westerhüsen, danach dauerte es jedoch fast 60 Jahre, bis mit dem Bördegarten (heute Florapark) eine neue Parkanlage hinzukam. Die neueste Grünanlage ist jedoch der **Elbauenpark** (S. 100), der zur Bundesgartenschau 1999 angelegt wurde und der zweitgrößte Park der Stadt ist.

Allerdings besteht nicht alles Grüne in Magdeburg aus Parkanlagen. Ihre Zahl wird ergänzt durch den Magdeburger Stadtteil Kreuzhorst. Der ist unbewohnt und ein Naturschutzgebiet, das hauptsächlich aus Esche-Ulmen-Auwald besteht. Dort leben etwa 30 Säugetier- und 300 Vogelarten, von denen 90 dort auch brüten. Zu den seltenen Tieren gehören u. a. Graureiher, Schreiadler, Biber und Fledermaus.

KULTURSTADT MAGDEBURG

Magdeburg ist eine bedeutende Kulturstadt. Wer diese Aussage an der Anzahl von Galerien oder der Größe von Orchestern misst, wird dem möglicherweise widersprechen. Es gibt jedoch auch andere Maßstäbe, etwa die Liebe der Bürger zu ihren Kulturstätten. Seit 2008 hat der Dom St. Mauritius und St. Katharina eine neue **Hauptorgel** (S. 45). Sie wurde auch aus kleinen und großen Summen finanziert, die Magdeburger

dafür spendeten. Mit ihrem einzigartigen Klang, den 93 Registern und den 6.139 Pfeifen ist sie neben der Orgel des Leipziger Gewandhauses das bedeutendste Instrument in den neuen Bundesländern. Damit ist durch Bürgersinn ein Stück der berühmten, 1945 verbrannten Magdeburger Orgellandschaft wiederentstanden. Auch die das Stadtbild Magdeburgs seit Jahrhunderten prägende **Johanniskirche** (S. 29) wurde

mit Unterstützung der Magdeburger wiederaufgebaut. Heute ist sie einer der schönsten Treffpunkte der Stadt für Konzerte, Feste und andere Veranstaltungen.

Die Magdeburger Kulturszene besitzt viele Facetten

1945 gingen auch drei große Theater in Flammen auf. Heute verfügt die Stadt, in der einst Richard Wagner als Musikdirektor wirkte, über das größte und modernste **Opernhaus** (S. 92) in Sachsen-Anhalt. Es ist zugleich die Spielstätte für die 1897 gegründete Magdeburgische Philharmonie. Das sehr reiche musikalische Leben in Magdeburg wird auch durch den Domchor geprägt. Er ist einer der ältesten Chöre in Deutschland. Seine Wurzeln reichen bis ins 10. Jahrhundert zurück.

In modernem Gewand zeigt sich das Schauspielhaus Magdeburg. Gut besucht sind das **Puppentheater** (S. 135) in der Warschauer Straße, das private **Theater an der Angel** (S. 135) sowie die vier Kabaretts – eines von ihnen ist die im gesamten deutschsprachigen Raum bekannte „Zwickmühle".

Aufwendig restauriert und modernisiert wurde das nach Plänen Karl-Friedrich Schinkels (1781–1841) gebaute **Gesellschaftshaus** (S. 72) im Klosterbergegar-

ten. Dort hat das Zentrum für Telemann-Pflege- und -Forschung seinen Sitz. Alle zwei Jahre finden internationale Festtage mit Musik des Magdeburgers Georg Philipp Telemann (1681–1767) statt.

Im Kloster Unser Lieben Frauen befindet sich ein **Kunstmuseum** (S. 60) und in der romanischen Klosterkirche ein Konzertsaal. Das **Kulturhistorische Museum** (S. 80) ist zur bedeutenden Museumsadresse in Deutschland geworden, wofür besonders zwei Europaratsausstellungen sorgten: „Otto der Große, Magdeburg und Europa" und „Heiliges Römisches Reich deutscher Nation 962–1806". Das **Technikmuseum** (S. 104) wiederum befasst sich mit einer wichtigen Seite der Magdeburger Vergangenheit, der Industriegeschichte.

Aber regelmäßig ausgestellt, gelesen, gemalt, gesungen oder konzertiert wird auch in anderen Teilen der ungewöhnlich reichen Magdeburger Kulturlandschaft.

MAGDEBURG MIT DEM RAD ERLEBEN

„Mit's Rad nach Stadt" ist eine bekannte Redewendung in der Landeshauptstadt, mit der sich die Magdeburger ein wenig selbst auf den Arm nehmen. Die kleine Spöttelei knüpft an ihre vermeintliche Schwäche im Umgang mit dem Dativ an. Aber sie weist auch auf den Spaß hin, den Magdeburger am Radeln haben. In den 20er Jahren des vergangenen Jahrhunderts gab es in der Stadt bereits rund 200 Kilometer Radwege. Deshalb galt Magdeburg auch zeitweilig als Deutschlands Fahrradhauptstadt. Das ist lange her, geblieben ist die Liebe der Magdeburger zum Fahrrad. Die wird zum Glück für die Radwanderer von den Stadtvätern geteilt. Das Radwegenetz wurde ständig erweitert und macht es heute möglich, praktisch jede Sehenswürdigkeit auch mit dem Fahrrad zu erreichen.

Der Elberadweg – er gilt als beliebteste deutsche Route für Radwanderer – verbindet Magdeburg mit Hamburg im Norden und mit Dres-

Radfahrer auf der Elbuferpromenade

den im Süden. Als Orientierungshilfe für einheimische und auswärtige Radwanderer hat das Stadtplanungsamt zehn Faltblätter herausgegeben, auf denen je eine Route mit Karte, Wegbeschreibung, Wegbeschaffenheit und den Sehenswürdigkeiten beschrieben ist. Die Faltblätter im Internet unter www.magdeburg-radelnd-erobern.de. Hier eine Auswahl:

Die Route 1 „Magdeburg an der Elbe mit dem Fahrrad entdecken" beginnt am Hauptbahnhof, führt durch die Innenstadt und dann immer an der Elbe entlang und zurück zum Ausgangspunkt. Der Weg führt vorbei am Dom St. Mauritius und St. Katharina, am Kloster Unser Lieben Frauen, an der Grünen Zitadelle und am Alten Markt mit Rathaus, Magdeburger Reiter und dem Roland sowie am Elbauenpark mit dem Jahrtausendturm. Gesamtlänge 27 Kilometer, reine Fahrzeit etwa zwei Stunden.

Die Route 6 „Neustadt per Rad entdecken" führt als Rundkurs durch die Alte und die Neue Neustadt. Zu den Sehenswürdigkeiten gehören die Hubbrücke im alten Handelshafen, die Nicolaikirche und die Gedenkstätte für Opfer der Politischen Gewalt am Moritz-

platz. Start und Ziel ist der Neustädter Bahnhof. Gesamtstrecke etwa 10 Kilometer, reine Fahrzeit 1 Stunde.

Die Route 8 „Historisches Erbe am Fluss" zeigt den IBA-Schauplatz Altstadt. Beginnend und endend am Petriförder führt der Weg an Magdalenenkapelle, Johanniskirche, Rathaus, Magdeburger Reiter, Roland, Kunstmuseum im Kloster Unser Lieben Frauen, Dom und Domplatz, Sebastianskirche, Bastion Cleve und vielen anderen Sehenswürdigkeiten vorbei. Gesamtlänge etwa 9 Kilometer, reine Fahrzeit etwa 50 Minuten.

Die Route 9 „Weniger Stadt, mehr Landschaft" beginnt und endet an der wiederaufgebauten Sternbrücke und zeigt den IBA-Schauplatz Südost mit den Sehenswürdigkeiten Klosterbergegarten, Gruson-Gewächshäuser, Gesellschaftshaus, Stadtpark und Kavalier Scharnhorst. Gesamtlänge etwa 21 Kilometer, reine Fahrzeit etwa 2 Stunden.

RUND UM DEN ALTEN MARKT

Der Alte Markt ist einer der ältesten Plätze Magdeburgs. Er wurde schon 965 erwähnt. 1945 nahezu vollständig zerstört, ist er wieder ein belebter und beliebter Mittelpunkt der Stadt. Hier steht das prächtige Alte Rathaus, das auch heute noch Teile der Stadtverwaltung beherbergt. Vor dem Alten Rathaus glänzt golden die Kopie des Magdeburger Reiters. Das Neue Rathaus und das Denkmal für Otto von Guericke, den berühmtesten Sohn der Stadt, sind nur einen Katzensprung entfernt. Im Viertel rund um den Alten Markt findet sich noch historische Bebauung neben Brunnen und versteckten Kirchen, die einen Spaziergang wert sind.

SEHENSWERTES

Alter Markt Das historische Zentrum der Stadt ist der ideale Ausgangspunkt für einen Stadtspaziergang. S. 24 **1**

Magdeburger Reiter Die vergoldete Bronzekopie des Originals (Kulturhistorisches Museum Magdeburg) ist Sinnbild der mittelalterlichen Kaiserstadt. S. 24 **3**

St.-Petri-Kirche Besonders sehenswert ist das ungewöhnliche Dach, das im Mittelalter typisch für Magdeburger Kirchen gewesen sein soll. S. 31 **12**

Siehe große Karte   S. 22

GASTRONOMIE

Bötelstube Den original Magdeburger „Bötel" – Eisbein oder Schweinshaxe – kann man hier genießen. S. 117 **2**

Ratskeller Ältestes Restaurant der Stadt, in dem schon im 13 Jh. getafelt wurde. S. 118 **12**

EINKAUFEN

Gewürz- und Teehaus Gewürze aus der ganzen Welt, dazu erlesene Tees plus Zubehör gibt es hier zu finden. S. 124 **4**

Allee-Center Der Shopping-Tempel Magdeburgs. Alle großen Ketten haben hier eine Filiale. Guter Ausgangs- oder Endpunkt für einen Stadtbummel. S. 126 **24**

ÜBERNACHTUNG

Maritim Hotel Stilvoll in der Altstadt übernachten. S. 128 **3**

Jugendherberge Magdeburg Ideal für Junge und Junggebliebene – und preiswert. S. 131 **24**

Die Tourist-Information Magdeburg

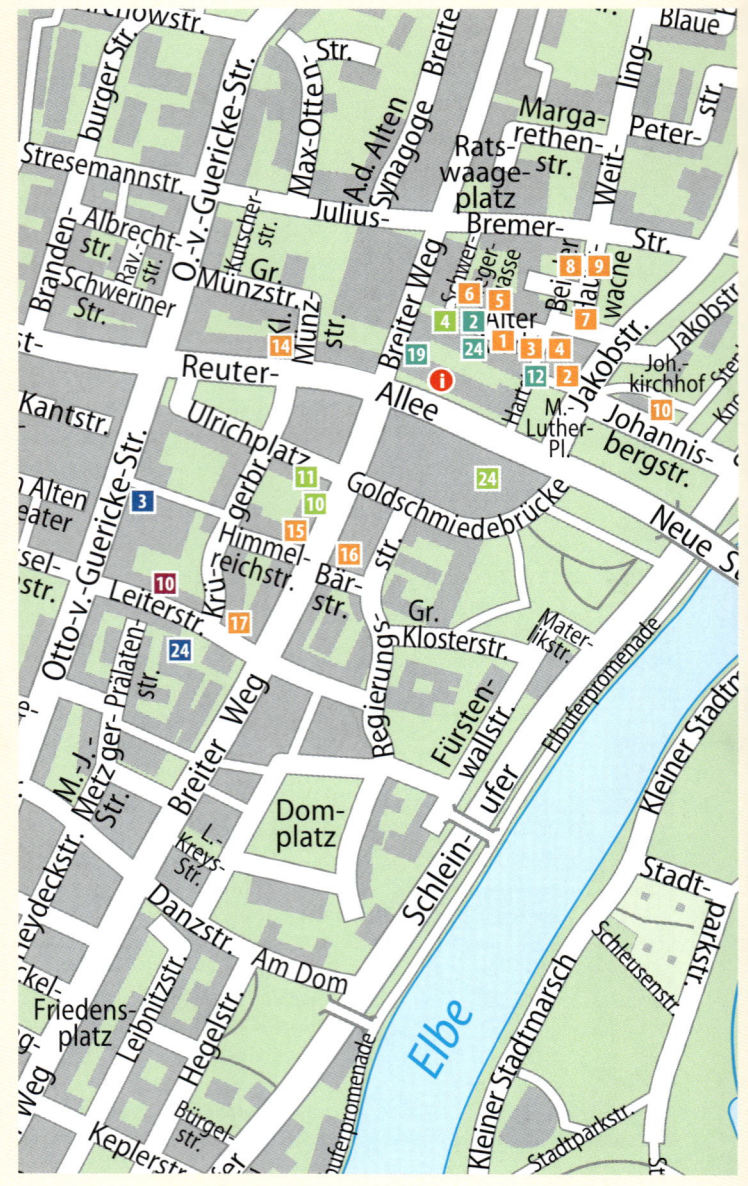

SEHENSWERTES

GASTRONOMIE

EINKAUFEN

ÜBERNACHTUNG

KULTUR UND FREIZEIT

1 ALTER MARKT S. 22

Der Alte Markt ist eine der Keimzellen Magdeburgs. 965 wurde er als Zentrum der Kaufmannssiedlung erwähnt. Wie das gesamte Stadtzentrum wurde auch der Alte Markt beim Bombenangriff vom 16. Januar 1945 fast völlig zerstört. Beim Aufbau nach dem Krieg hielten sich die Planer an die ursprüngliche Platzstruktur, ohne sich jedoch am Aussehen der Vorkriegsbebauung zu orientieren. Auch die Mehrzahl der einmündenden Straßen wurde nicht wiederhergestellt. Der westliche Eingang zum Platz, jahrhundertelang eher schmal, wurde großzügig gestaltet, um den Blick auf das Alte Rathaus freizugeben. Mit dem Neubau der Stadtsparkasse in den 1990er Jahren wurde auch an dieser Stelle wieder die alte Enge hergestellt. Seit 2012 steht auch die nach historischem Vorbild neu geschaffene Hirschsäule wieder auf dem Alten Markt.

Straßenbahn: Haltestelle Alter Markt (Linien 1, 2, 5, 8, 9, 10) • Rundfahrten mit Doppeldecker-Bus: Mai–Sept., Mo.–So. 10/12/14 Uhr, Okt.–April Mo.–So. 12/14 Uhr (ab Guericke-Denkmal Alter Markt)

2 ALTES RATHAUS S. 22

Die Ostseite des Alten Markts nimmt das Alte Rathaus ein. Zwischen 1691 und 1698 errichtet, gibt es unterschiedliche Ansichten zum Baustil. Mit seiner strengen Barockfassade erinnert der zweigeschossige Bau an die Spätrenaissance und wird daher häu-

fig als Beispiel der italienisch-niederländischen Renaissance genannt. Auf dem steil aufragenden Dach befindet sich ein Dachreiter, der seit 1974 das erste in der DDR neu eingebaute Glockenspiel berherbergt. Es besitzt 47 Glocken mit einem Gesamtgewicht von 6.000 Kilogramm. Die im Zweiten Weltkrieg zerstörten Ost- und Südflügel wurden durch einen dreistöckigen Neubau ersetzt, der die historische Dreischiffigkeit aufnimmt. Die schmuckvolle Bronzetür stammt vom Künstler Heinrich Apel. Sie wurde 1970 eingesetzt und zeigt Ereignisse und Personen aus der Stadtgeschichte, beispielsweise Otto von Guericke und den Flugzeugkonstrukteur Hans Grade. Magdeburgs erstes Rathaus stand 1250 an dieser Stelle und war damit eines der ersten in Deutschland überhaupt. Im Dreißigjährigen Krieg nahezu vollständig zerstört, blieb lediglich der Ratskeller aus dem 12. Jahrhundert erhalten. Im Bischofssaal, einem Nebenraum des Ratskellers, erschlugen Magdeburger Bürger 1325 den Erzbischof Burchard III. nach langwierigen Streitigkeiten.

3 MAGDEBURGER REITER S. 22

ENTDECKER-TIPP

Vor dem Rathaus stehen zwei weitere Sehenswürdigkeiten – der Magdeburger Reiter und der neue Roland. Der Magdeburger Reiter

▶ Der Magdeburger Reiter

wurde um 1240 als erstes frei stehendes Reiterdenkmal nördlich der Alpen aufgestellt. Zwei Frauenfiguren zu seinen Füßen vervollständigen das Standbild. Der Reiter soll Kaiser Otto I. darstellen. Einen Nachweis für diese Annahme gibt es allerdings nicht. Die Begleitfiguren zeigen kaiserliche Hoheitssymbole – eine trägt einen Schild mit dem Reichsadler, die andere eine Fahnenlanze. Auf dem Alten Markt steht seit 1966 ein Bronzeabguss, der im Jahr 2000 vergoldet wurde. Die originalen Sandsteinfiguren sind im Kulturhistorischen Museum der Stadt zu sehen. So alt wie der Reiter ist auch der Sockel, das Dach wurde erst später hinzugefügt – erst als gotischer Spitzhelm, seit 1651 als Baldachin im barocken Stil.

4 ROLAND S. 22

Der Magdeburger Roland ist eine Neuschöpfung nach historischem Vorbild. Schon 1381 stand ein hölzerner Roland in Magdeburg. Sein steinerner Nachfolger wurde 1631 zerstört. Anfang des 20. Jahrhunderts wurde ein weiterer hölzerner Roland geschaffen, der im Winter 1945/46 vermutlich als Brennmaterial diente. Der neue Roland wurde 2005 am Alten Rathaus aufgestellt. Er ist vier Meter hoch,

---

MAGDEBURG IST OTTOSTADT

Wie so manch andere Stadt auch ist Magdeburg immer noch ein wenig auf der Suche nach der idealen Außendarstellung. Um hier etwas mehr Wirkung zu erzielen, verfiel man auf den Gedanken, Magdeburg als Ottostadt zu vermarkten. Pate für diese Idee standen zwei wichtige Persönlichkeiten aus der Geschichte der Stadt: Kaiser Otto der Große sowie der Bürgermeister und Naturforscher Otto von Guericke. Die beiden kennt in Magdeburg jedes Kind, und so ist es nur natürlich, die Stadt nach den Ottos sozusagen in Ottostadt umzutaufen. Das Konzept funktioniert in zwei Richtungen: Wer Magdeburg schon kennt, lernt berühmte Magdeburger kennen – und wer z. B. Otto von Guericke schon kennt, erfährt von dessen Geburtsort.

Wenn man so will, ist die „Umbenennung" der Stadt eine konsequente Fortführung der Ehrung beider Persönlichkeiten. So verleiht die Landeshauptstadt Sachsen-Anhalts seit 2005 den Kaiser-Otto-Preis an Persönlichkeiten, die sich um die Einheit Europas verdient gemacht haben – u. a. an Richard von Weizsäcker, Angela Merkel und 2013 an Egon Bahr. Otto von Guericke ist hingegen nicht nur Namenspate der 1993 gegründeten Universität, sondern auch für das Otto-von-Guericke-Stipendium, mit dem Stadt und Universität seit 2003 ausländischen Studenten das Studium in Magdeburg ermöglichen.

Mitunter treibt die zur Ottostadt gehörende Werbekampagne auch witzige Blüten. So wird der Besucher in den Sparkassen Magdeburgs vergeblich einen Geldautomaten suchen. „Geldottomaten" sind dort dagegen leicht zu finden.

trägt Harnisch und Kniehose und ein hölzernes Schwert in seiner erhobenen Rechten. Finanziert wurde die Figur mit Spenden Magdeburger Bürger und gestaltet von der Bildhauerin Martina Seffers. Als Vorlage diente ein Holzschnitt von Johannes Pomarius aus dem Jahre 1588 mit dem „Colossus Magdeburgensis".

5 TILL-EULENSPIEGEL-BRUNNEN S. 22

Der Eulenspiegel-Brunnen wurde im Jahr 1970 von Heinrich Apel aus Muschelkalk geschaffen. Sein Namensgeber steht auf der Säule, darunter die langen Gesichter der Magdeburger Bürger. Eulenspiegel hatte ihnen angekündigt, wie ein Vogel vom Rathaus zu fliegen. Als sich daraufhin viele Einwohner auf dem Alten Markt versammelten, verspottete er sie wegen ihrer Einfältigkeit.

6 HALLE AN DER BUTTERGASSE S. 22

Hinter dem Brunnen befindet sich der Eingang zu einem Gewölbekeller aus dem Mittelalter. Die ursprünglich mit einem Kreuzgratgewölbe versehene vierschiffige Halle an der Buttergasse wurde in der zweiten Hälfte des 12. und der Mitte des 13. Jahrhunderts errichtet. Ursprünglich diente sie der Gerberinnung als Lager- und Verkaufsstätte. 1716 ersetzte man das Kreuzgratgewölbe zum Teil durch ein Tonnengewölbe. Zu dieser Zeit war der ursprünglich oberirdische

Bau durch Erdaufschüttungen in der Umgebung bereits zu einem Kellergeschoss geworden. Nach dem Zweiten Weltkrieg wurde die Halle bei Grabungen wiederentdeckt und 1970 als Weinrestaurant eröffnet. Heute befindet sich dort ein Nachtklub (s. Serviceteil). Im Eingangsbereich der Halle an der Buttergasse sind mehrere Hauszeichen angebracht, die nach 1945 aus den Trümmern der zerstörten Stadt geborgen wurden.

7 OTTO-VON-GUERICKE-DENKMAL S. 22

Auf dem Platz Bei der Hauptwache, neben dem Alten Rathaus, sitzt einer der berühmtesten Magdeburger: Otto von Guericke. 1907 wurde das Denkmal für das

Dem berühmtesten Sohn der Stadt, Otto von Guericke, ist ein Denkmal direkt neben dem Rathaus gewidmet

Magdeburger Multitalent – Guericke war Bürgermeister, Naturforscher, Physiker, Ingenieur und Diplomat – aufgestellt. Der Sockel besteht aus Naturstein, die Reliefplatten ebenso wie Guericke selbst aus Bronze. Zu seinen Füßen finden sich die Halbkugeln, mit denen er die Kraft des Luftdrucks demonstrierte; ein solcher Versuch wird auch auf einem der Reliefs dargestellt. Das andere Relief zeigt die Silhouette Magdeburgs vor der Zerstörung im Dreißigjährigen Krieg. Das Denkmal ist ein Werk von Carl Echtermeyer (1845–1910).

8 NEUES RATHAUS   S. 22

Im Rücken des Denkmals von Guericke steht das Neue Rathaus. Bis 1895 befand sich dort die Hauptwache der brandenburgisch-preußischen Garnison. Von 1666 bis 1888 war das „Lange Haus", vorher Zeughaus der Stadt, im Besitz des Militärs. Als die Stadt es schließlich zurückkaufte, fanden sich nicht genug Mieter für das Gebäude, so dass es abgerissen wurde. Ab 1904 entstand an diesem Platz ein Neubau als Geschäftsgebäude der Sparkasse, in dem auch Stadtarchiv und Stadtbibliothek Platz fanden. Den Giebel des vierstöckigen neobarocken Hauses ziert das Magdeburger Stadtwappen. 1934 zogen Stadtarchiv und -bibliothek aus, und das Gebäude ging in den Besitz der Mitteldeutschen Landesbank über. Als einziges am Platz überstand es den Zweiten

Weltkrieg und wurde nach 1945 wegen der Zerstörung des Alten Rathauses zum Verwaltungssitz.
Bei der Hauptwache 4

9 EISENBARTH-BRUNNEN   S. 22

1703 erwarb der Chirurg und Wunderdoktor Johann Andreas Eisenbarth in der Magdeburger Altstadt das heute nicht mehr vorhandene Haus „Zum Goldenen Apfel". In der Nähe seines Standorts wurde 1939 ein Gedenkbrunnen für Eisenbarth von Fritz von Graevenitz aufgestellt. Er zeigt ihn auf einer Stele in der Mitte des Brunnens in der Haltung eines Marktschreiers. Die Seiten des Brunnenbeckens tragen Reliefs und Tafeln mit dem bekannten Spottlied auf

Von seiner Stele scheint Doktor Eisenbarth die Passanten zum Nähertreten aufzufordern

den Mediziner. Dies war entstanden, weil Eisenbarth mit Musikern und Schauspielern durch die Lande zog. Er operierte wie damals üblich vor großem Publikum, war jedoch kein Kurpfuscher. Da er nur Krankheiten behandeln durfte, welche die niedergelassenen Ärzte in den Städten nicht behandeln konnten, führte er Operationen an komplizierten Brüchen, Blasensteinen und bei grauem Star durch. Dafür entwickelte er auch eigene Instrumente.

🔟 ST.-JOHANNIS-KIRCHE   S. 22

Fünf Mal – 1188, 1207, 1451, 1631 und 1945 – wurde St. Johannis (Schutzpatron ist der Evangelist Johannes) durch Brand oder Krieg zerstört und immer wieder aufgebaut. Der jüngste Wiederaufbau fand am 2. Oktober 1999 seinen Abschluss. Der Kirchenbau wird für kulturelle Zwecke genutzt. Der fünfte Wiederaufbau wurde durch kleine und große Spenden möglich – ganz so wie nach 1451, als die Kirche durch einen Blitzschlag zerstört worden war. Damals regte Kardinal Nikolaus von Kues an, die Hälfte des Ablasses für den Wiederaufbau der Johanniskirche einzusetzen. Es kam so viel Geld zusammen, dass die Türme erhöht und eine reich geschmückte Vorhalle vor das Gotteshaus gebaut werden konnten. St. Johannis ist die älteste Pfarrkirche der Stadt, ihre erste Vorläuferin wurde 936 bis 941 errichtet. Ihre Erwähnung als ecclesia mercatorum (Kaufmannskirche) in der Chronik des Thietmar von Merseburg im Jahr 1015 ist die älteste Nennung einer Kirche dieser Art.

Die Ausstattung wurde 1945 zerstört. Sehenswert ist die spätgotische Vorhalle von 1453. In der Gruft der Magdeburger Patrizierfamilie Alemann soll auch Otto von Guericke, dessen erste Frau Margarethe eine geborene Alemann war, nach seiner Überführung aus Hamburg beigesetzt worden sein. In der Westvorhalle steht die Plastik „Trauernde Magdeburg". Die

INFO-ZENTRUM STRASSE DER ROMANIK

Magdeburg ist Zentrum der „Straße der Romanik". Hier treffen sich die Nord- und Südroute. Die enge Verbundenheit der Stadt mit dem Kaisertum und dem Mittelalter war Anlass, das Haus der Romanik genau hier anzusiedeln. Zu den Stationen in Magdeburg zählen der Dom St. Mauritius und St. Katharina, die Propsteikirche St. Sebastian, die St.-Petri-Kirche und das Kloster Unser Lieben Frauen. Die über 1.000 Kilometer lange „Straße der Romanik" führt durch ganz Sachsen-Anhalt zu derzeit 80 Bauwerken: Burgen, Dome, Klöster und Kirchen aus dem 10. bis 13. Jahrhundert. Haus der Romanik (Domplatz 1 b) • Tel.: 0391 8380222 • www.haus-der-romanik. de • Mo./Mi.–Fr. 10–18 Uhr, Sa./So. 10–16 Uhr

Frauenfigur ist der Zweitguss eines Teils des Wormser Reformationsdenkmals und würdigt die Rolle Magdeburgs bei der Verteidigung des lutherischen Glaubens. Das Luther-Denkmal vor dem Hauptportal der Kirche stammt von Emil Hundrieser (1846–1911) und erinnert an die Predigt des Reformators in St. Johannis am 26. Juni 1524, mit der er die Bürger Magdeburgs auf seine Seite zog. Zwei weitere Plastiken, „Trümmerfrau" und „Mutter mit Kind", sind Werke Heinrich Apels.

Johannisbergstraße 1 • Tel.: 0391 5934450 • www.mvgm.de • Nov.–Feb. Di.–So. 10–17 Uhr, März–April/Okt. Di.–So. 10–18 Uhr, Mai–Sept. Di.–So. 10–19 Uhr • Führungen auf Anfrage über Tourist-Information Magdeburg, Tel.: 0391 8380401 • Straßenbahn: Haltestelle Allee-Center (Linien 4, 6), Alter Markt (Linien 1, 2, 5, 8, 9, 10)

11 MAGDALENEN-KAPELLE S. 22

Geht man vom Johannisberg aus unterhalb der Stadtmauer entlang, erreicht man nach wenigen Hundert Metern die Magdalenenkapelle. Kurz davor haben sich an der Fußgängerbrücke über das Schleinufer einige Magdeburger Originale versammelt. Schlackaffe, Affenvater und Co. hat der Magdeburger Künstler Eberhard Roßdeutscher in Stein gehauen.

◀ Fast etwas versteckt liegt die Magdalenenkapelle an der alten Stadtmauer

Die Magdalenenkapelle wurde um 1315 als Fronleichnamskapelle errichtet, der Legende nach als Sühne für einen Hostienraub im nahen Paulinerkloster. 1385 kam sie in den Besitz des benachbarten Magdalenenklosters und erhielt ihren jetzigen Namen. Das kleine Bauwerk aus der Blütezeit der Gotik gibt der Stadtsilhouette an dieser Stelle eine besondere Note. An der Westseite ist ein außerhalb der Mittelachse stehender Treppenturm angebaut. Im Inneren sorgen fünf Maßwerkfenster und das Kreuzrippengewölbe für Raumwirkung. Zwei Mal – 1631 und 1945 – wurde die Kapelle zerstört und – 1714 sowie in den 1960er Jahren – wiederaufgebaut. Beim zweiten Wiederaufbau wurde das ursprüngliche gotische Steildach mit Dachreiter dem barocken Dach von 1714 vorgezogen. Seit 1991 verwalten die Prämonstratenser-Domherren die kleine Kirche.

Altes Fischerufer • Informationen über SUBSIDIARIS – Hilfswerk für Kirche und Gesellschaft e. V. • Ottenbergstraße 15 • Tel.: 0391 662470 • Besichtigung nach Voranmeldung über St.-Petri-Kirche, Tel.: 0391 5434995

12 ST.-PETRI-KIRCHE S. 22

Geht man den Weg neben der Magdalenenkapelle nach oben, kommt man zur Petrikirche, die wegen der geduckten Form ihres Turms an eine Wehrkirche erinnert. Es ist möglich, dass der Turm ursprünglich auch als Fluchtpunkt diente, denn der Kirchenbau lag um 1150 außerhalb der damaligen Stadtmauer am Steilufer der Elbe. Er diente den Bewohnern des Fischerdorfes Frose als Gotteshaus, was auch die Wahl des hl. Petrus zum Schutzheiligen der Gemeinde erklärt. Der romanische Turm steht heute nördlich der Mittelachse. Die Ursache dafür ist unbekannt. Im beginnenden 15. Jahrhundert wurden im Stil der Spätgotik eine Apsis, ein Chor und ein dreischiffiges Langhaus angebaut. Ungewöhnlich ist die Form des 1962 wiederhergestellten Daches: Während Mittelschiff und Chor mit einem Satteldach gedeckt sind, tragen die Seitenschiffe fünf zum Mitteldach quer gestellte Dächer. Was heute eine Ausnahme ist, soll im Mittelalter für die Magdeburger Kirchen typisch gewesen sein. Bei der Stadtzerstörung 1631 vernichtete Feuer den Dachstuhl und die gesamte Innenausstattung. 1669 erfolgte der Wiederaufbau. Beim Bombardement 1945 blieben lediglich die Außenmauern stehen. Der Wiederaufbau wurde 1972 abgeschlossen. Bereits seit 1970 dient St. Petri als katholische Pfarrkirche, seit 1999 als katholische Universitätskirche. Der schlichte Innenraum wird durch die großen gotischen Spitzbogenfenster geprägt, ihre Glasmalerei stammt von Prof. Carl Crodel. Eine Orgel wurde 1989 geweiht. Als architek-

Die Petrikirche mit den ungewöhnlichen, zum Mitteldach quer gestellten Dächern auf den Seitenschiffen

tonisches Schmuckstück gilt die Marienkapelle, eine kleine Vorhalle an der Südseite von St. Petri. Sie wurde 1480 errichtet und trägt einen stark gegliederten Giebel aus Backstein. Daran wird die Vermutung geknüpft, dass es in Magdeburg vor 1631 zahlreiche Beispiele der norddeutschen Backsteingotik gegeben haben könnte. Vor der Kirche stellt eine Bronzeplastik des Universalgelehrten Albertus Magnus (etwa 1200–1280) einen Bezug zur Rolle St. Petris als Universitätskirche her. Das Werk stammt von Heinrich Apel.

Neustädter Straße 4

Tel.: 0391 5434995 • www.st-petri-magdeburg.de • Sommer 9.30–18 Uhr, Winter 9.30–17 Uhr • Führungen nach Voranmeldung über Tourist-Information Magdeburg, Tel.: 0391 8380401 • Bus: Haltestelle St. Petri (Linie 73)

13 WALLONERKIRCHE S. 22

Die Kirche wird heute als Pfarrkirche von der evangelischen und der evangelisch-reformierten Gemeinde genutzt. Erbaut wurde sie um 1285 für das vom Magdeburger Ritter Werner Feuerhake gegründete Augustinerkloster. Sie ist die einzige noch erhaltene Bettelmönchskirche der Stadt. Das Kloster wurde 1524 aufgehoben und danach als Gymnasium und später als Armenhospital genutzt. 1631 zerstört, wurde die Kirche wieder aufgebaut und 1694 wallonisch-reformierten Flüchtlingen als Gemeindekirche übergeben. Nach zwei Zerstörungen 1631 und 1945

blieb von der Innenausstattung nichts erhalten. Auch die Architektur ist – einem Bettelorden angepasst – schlicht. Dafür beeindruckt das Gotteshaus im Innern durch seine ungewöhnlichen Maße. Die hochgotische Hallenkirche ist bei einer Länge von 65 Metern mit 20 Metern fast so hoch wie breit (21 Meter). Die vertikale Raumwirkung wird durch eng zusammenstehende Stützpfeiler mit weit oben angebrachten Spitzbögen noch verstärkt. Im südlichen Seitenschiff ist die Telemann-Glocke zu sehen, die 1683 für die nicht mehr vorhandene Heiliggeistkirche aus Bronze gegossen wurde. Etwa eine halbe Tonne schwer, ist sie mit Namen der Pastoren, Kirchenväter und Kirchenältesten der Gemeinde verziert, auch mit dem des Vaters des Komponisten Georg Philipp Telemann. Der spätgotische Schnitzaltar und ein 1430 in Magdeburg gegossenes bronzenes Taufbecken stammen aus der Ulrichskirche in Halle.

Neustädter Straße 6 • Tel.: 0391 5434613 • Mo.–Do. 9–16 Uhr, Fr. 9–13 Uhr • Kirchenführungen nach Anmeldung im Gemeindebüro

14 ENSEMBLE ERNST-REUTER-ALLEE S. 22

Direkt am Alten Markt vorbei führt der Breite Weg, lange die wichtigste – weil einzige – Durchgangsstraße der Stadt. Erst nach dem Zweiten Weltkrieg kam zur durchgängigen Nord-Süd-Verbindung eine Ost-West-Querung: die Ernst-

Reuter-Allee. Schon nach der Zerstörung 1631 soll Otto von Guericke einen solchen Durchgang geplant haben. An der Kreuzung der Otto-von-Guericke-Straße mit der Ernst-Reuter-Allee finden sich die wohl am aufwendigsten gestalteten Nachkriegsbauten der Stadt. Den Grundstein legte SED-Chef Walter Ulbricht im Mai 1953, der Entwurf stammt von Johannes Kramer und anderen. Dabei orientierten sich die Planer an den Bauten der Berliner Stalinallee (heute Frankfurter Allee) und Objekten des Warschauer Wiederaufbaus. Die wiederum waren sowjetischer Architektur nachempfunden, was den Gebäuden den Beinamen „Stalinbauten" eintrug.

15 BAROCKE GIEBELHÄUSER UND NEOBAROCKES ECKHAUS S. 22

Die Häuser Nummer 178 bis 180 am Breiten Weg sind die letzten Zeugen einer der prächtigsten Barockstraßen in Deutschland. Aber nur die Häuser 178 und 179 sind echter Barock, während Nummer 180 ein neobarockes Gebäude aus der Gründerzeit ist. Die Barockhäuser stammen aus dem Jahr 1727. Sie wurden im Auftrag von Johann Kuskopf und Jakob Kord errichtet, nachdem ein Brand die Vorgängerbebauung vernichtet hatte. Beide Gebäude sind nur etwa 6,50 Meter breit und besitzen teils sehr aufwendige Fensterverzierungen, die ihre Inspiration von anderen in der Zeit errichteten Gebäuden bezogen, wie etwa von den Bauten am Domplatz. An den Giebeln der beiden Häuser befand sich eine Winde zur Lastenbeförderung. Dafür musste der Sims zwischen zweitem und drittem Obergeschoss unterbrochen werden. Die Kellergewölbe unter den Häusern stammen noch aus dem Jahr 1631.

16 BÄRBOGEN S. 22

Gegenüber den barocken Überbleibseln mündet die Bärstraße in den Breiten Weg. Sie ist vermutlich nach dem Gasthof „Zum schwarzen Bären" benannt, der sich früher dort befand. Im Rahmen des Wiederaufbaus wurde die Straße mit einem Bogen überbaut. Ein Relief von Eberhard Roßdeutscher am Bärbogen erinnert an die Grundsteinlegung zum Wiederaufbau der zerstörten Stadt am 1. Mai 1951.

17 LEITERSTRASSE S. 22

Am Ende des Neubauabschnittes findet sich der Eingang der Leiterstraße. Der Name hat nichts mit Leitern zu tun, sondern beruht wohl auf einer Verwechslung: „Dat Ledder" heißt im Niederdeutschen Leder, „die Ledder" heißt Leiter. Jedoch setzte sich die Version Leiterstraße seit 1750 durch. 1975 wurden die vorhandenen Häuser abgerissen, um die Fußgängerzone neu zu bauen. Es entstanden achtgeschossige Wohngebäude mit vorgelagerten

Die Ernst-Reuter-Allee wird von sogenannten Zuckerbäckerbauten geprägt

zweigeschossigen Ladengeschäften sowie vier- bis sechsgeschossigen Verwaltungsgebäuden. Außerdem befindet sich dort die Jugendherberge Magdeburg. In der Leiterstraße steht eine weitere Sehenswürdigkeit: der Faunenbrunnen des Bildhauers Heinrich Apel, von den Magdeburgern hartnäckig als „Teufelsbrunnen" bezeichnet. Mit seinem Kunstwerk hat Apel an die im Mittelalter üblichen Marktbrunnen angeknüpft. Es verfügt über eine Leiter, die von Groß und Klein gern benutzt wird, um einen Blick in den 3,20 Meter breiten Bronzekessel zu werfen.

DOM UND DOMVIERTEL

Der Magdeburger Dom ist das älteste gotische Bauwerk auf deutschem Boden. Hier liegen Kaiser Otto I. und seine erste Gemahlin Editha begraben. Der Dom ist innen und außen mit zahlreichen Figuren und Statuen geschmückt. Ein bekanntes Beispiel sind die Skulpturen der klugen und törichten Jungfrauen (13. Jh.) am Nordportal.

Einer der Türme kann bestiegen werden – von ihm bietet sich ein herrlicher Blick über Stadt, Elbe und Börde. So nah am Fluss ist der sandige Untergrund eigentlich nicht für monumentale Bauten geeignet. Doch der Dom steht fast ganz auf einem Felsen, der bis in die Elbe hineinreicht. Bei Niedrigwasser ist der Domfelsen sichtbar.

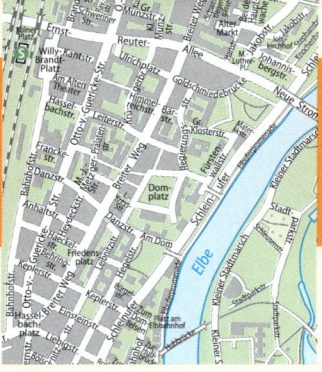

SEHENSWERTES

Die Grüne Zitadelle von Magdeburg Das von Friedensreich Hundertwasser gestaltete Gebäude ist ein Blickfang. Beim Gang durch die Geschäfte und Innenhöfe kann man die Formenvielfalt der Fenster entdecken und Bäume zählen.   S. 53 **3**

Fürstenwall mit Kiek in de Köken Der Turm der mittelalterlichen Stadtbefestigung aus dem 15. Jh. stand ursprünglich direkt an der Elbe.   S. 60 **12**

Kloster Unser Lieben Frauen mit Marienkirche In dem romanischen Bau befindet sich das Kunstmuseum. Der Kreuzgang gilt als schönster in ganz Deutschland.   S. 60 **14**

Das älteste Wohnhaus der Stadt, Remtergang 1, stammt aus dem 16. Jh.

Siehe große Karte   S. 38

GASTRONOMIE

BonApart Gehobene französische Küche gleich gegenüber dem Hunderwasserhaus.   S. 117 **1**

Kaffeehaus Köhler Hausgemachte Torten, Eis und Pralinen – was will man mehr?   S. 120 **23**

EINKAUFEN

Galerie 100 Damenmode, Schmuck und mehr in der Grünen Zitadelle   S. 125 **13**

Schreiber & Sundermann Hochwertige Herrenbekleidung seit 1914.   S. 127 **31**

ÜBERNACHTUNG

artHotel Das Hotel wurde 2013 in der Grünen Zitadelle wiedereröffnet. Die Badezimmer wurden von Friedensreich Hundertwasser persönlich konzipiert!   S. 130 **16**

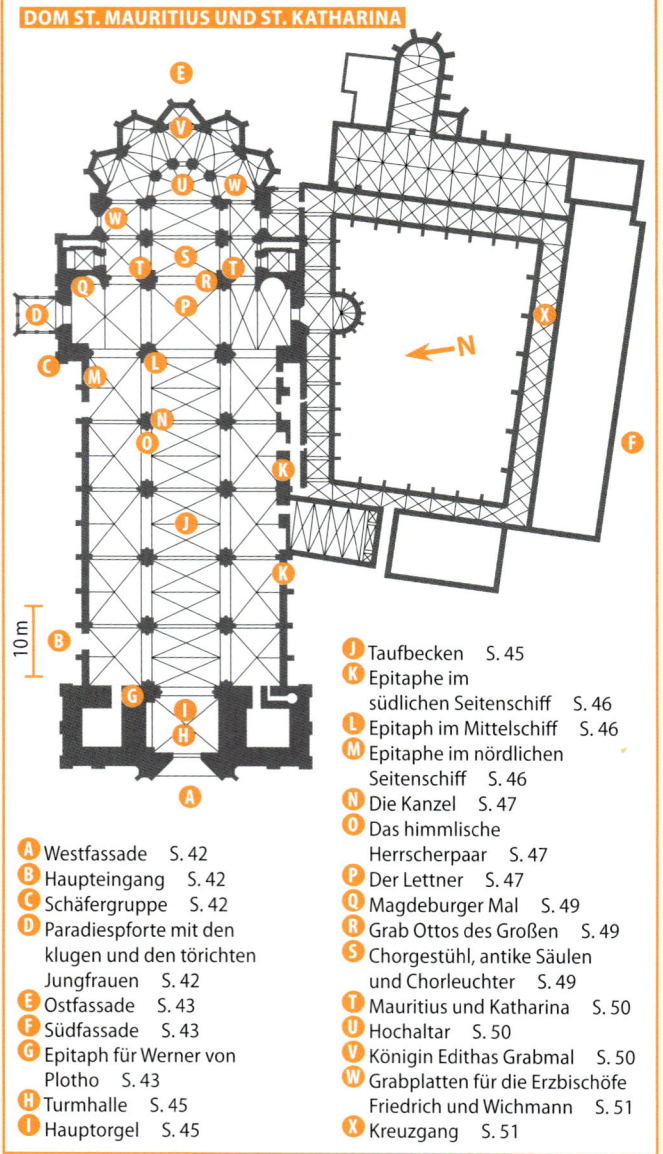

DOM ST. MAURITIUS UND ST. KATHARINA

10 m

← N

1 DOM ST. MAURITIUS UND ST. KATHARINA S. 38

TOP-TIPP

Der Magdeburger Dom ist die Bischofskirche der Evangelischen Kirche in Mitteldeutschland und das Wahrzeichen der Stadt. In seiner jetzigen Gestalt wäre er vermutlich nie gebaut worden, hätte nicht am 20. April 1207 ein großer Stadtbrand auch die von Otto dem Großen begründete Kathedrale vernichtet. Ausgerechnet am Karfreitag, einem hohen kirchlichen Feiertag, kam das Ende für die seinerzeit großartigste Bischofskirche nördlich von Rom. Mit dem Dom verbrannte auch vieles von dem, was bis dahin den Ruf Magdeburgs als ein neues Rom genährt hatte: Heiligtümer, Kunstschätze, eine einzigartige Bibliothek, Teppiche, Gold, Silber und Elfenbein.

Schon 1209 begannen Bauleute auf Betreiben Erzbischof Albrechts II. von Käfernburg einen neuen Dom zu errichten – einen noch gewaltigeren im Stile der französischen Kathedralen. So mächtig und kostspielig allerdings war das Vorhaben, dass es dreihundert Jahre dauern sollte. Streitigkeiten und Geldmangel stoppten oder verzögerten die Bauarbeiten immer wieder. Erzbischof Dietrich weihte 1363 den Dom und erhob die hl. Katharina neben dem hl. Mauritius zur zweiten Schutzpatronin. 1520 wurden die Türme an der Westfassade fertig. Damit galt der Dom als vollen-

det. 1567 trat das Domkapitel zum evangelischen Glauben über.

Die große Stadtzerstörung am 10. Mai 1631 überstand die Kathedrale ohne äußere Schäden. Kurz vor Ende des Zweiten Weltkrieges erhielt der Dom schwere Bombentreffer. Sie rissen ein großes Loch in die Westfassade und zerstörten die Orgel. Der Wiederaufbau der Kathedrale wurde 1955 abgeschlossen. 1983 begannen Restaurierungsarbeiten. Im Mai 2008 wurde eine neue Hauptorgel eingeweiht.

Die kreuzförmige Basilika beeindruckt schon allein durch ihre Größe: innen 120 Meter lang, 37 Meter breit und im Gewölbe 32 Meter hoch. Das Querschiff ist 42,50 Meter lang und 11,80 Meter breit. Der massige Baukörper, das überlange Kirchenschiff und der für die doppeltürmigen Kirchen der Stadt typische giebelgekrönte Mittelbau zwischen beiden Türmen machen die Kathedrale unverwechselbar. Der Südturm ist 99,25 Meter und der Nordturm 100,98 Meter hoch. Letzteren krönt eine 2,5 x 2,5 x 0,7 Meter große und etwa drei Tonnen schwere Kreuzblume. Dass diese auf dem südlichen Turm fehlt, erklärt die Legende mit den Schießkünsten eines kroatischen Kanoniers von 1631. Tatsächlich dürfte das unterschiedliche Aussehen beider Türme statische Ursachen haben. Turmstümpfe zwischen Querhaus und Chorseitenschiff sind Zeugen der einst geplanten Gegenstücke zu den westlichen Doppeltürmen. Während der langen Bauzeit wurde wiederholt vom ursprünglichen Plan abgewichen. Auch im Baustil schlugen sich die drei Jahrhunderte nieder: Die ältesten Bauabschnitte weisen noch Spuren der Romanik auf und zeigen tastende Übergänge zur Gotik, während die jüngeren Abschnitte von Spätgotik geprägt sind. Der Chor bildet den ältesten Teil des Doms. Dort begannen 1209 die Bauarbeiten. Der zweigeschossige Chorumgang mit fünf Kapellen im unteren Geschoss folgt bereits französischem Vorbild, zeigt aber wie das ebenfalls aus dem 13. Jahrhundert stammende Querhaus noch romanische Züge.

❹ WESTFASSADE   S. 40

Als Haupteingang geplant, ließ Erzbischof Ernst von Sachsen (1476–1513) das von 1310 bis 1363 gebaute Westportal zwischen den beiden Türmen schließen und in der Turmvorhalle eine Grabkapelle einrichten. Heute wird das Portal nur noch zu Bischofseinführungen und zur Osternachtsfeier geöffnet. Eine Skulptur schmückt den Mittelpfeiler des Portals. Krone, Zepter und Reichsapfel weisen sie als den Domstifter Otto den Großen aus. Die weiblichen Züge der Figur lassen vermuten, dass für die Otto-Skulptur eine ältere Marienfigur umgearbeitet wurde. Über dem Westportal befindet sich noch eine Figur des hl. Mauritius. Darüber erhebt sich der stark ge-

schmückte gotische Mittelbau mit hohen Fenstern und überlebensgroßen Christus- und Apostelfiguren.

❺ HAUPTEINGANG   S. 40

Das Portal des nördlichen Seitenschiffs dient seit 1494 als Haupteingang. Es ist mit Statuen der beiden Schutzpatrone – Mauritius und Katharina – geschmückt. Die Figuren sind Nachbildungen aus dem 19. Jahrhundert. Die Originale von 1515 befinden sich im Innenraum gleich neben dem Eingang an der Innenseite des Nordturms, der seit 2013 wieder bestiegen werden kann.

❻ SCHÄFERGRUPPE   S. 40

An der Nordwestecke des Querhauses ist in einiger Höhe ein Schäfer mit seinen Hunden dargestellt. Das Motiv nimmt eine der Domsagen auf. Danach sollen die Hunde des Schäfers Koppehel vom nahen Kloster einen Goldschatz aufgespürt haben. Der Schäfer stiftete den Fund dem Dom, so dass weitergebaut werden konnte.

❼ PARADIESPFORTE MIT DEN KLUGEN UND DEN TÖRICHTEN JUNGFRAUEN   S. 40

Im 14. Jahrhundert wurde an das Querschiff vom Domplatz aus eine hochgotische Vorhalle errichtet. Sinnbildlich betraten die Gläubigen hier, aus dem irdischen Alltag kommend, das himmlische Jerusalem. Auch die hölzernen Türen

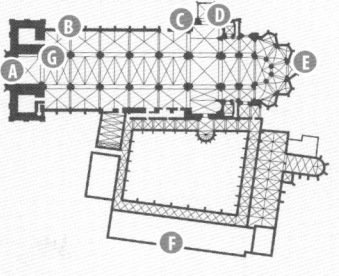

(Reste sind im nördlichen Seitenschiff zu sehen) zeigten Motive aus dem Paradies. Die Magdeburger tauften deshalb die mit drei Doppelportalen und drei großen Rosettenfenstern ausgestattete Vorhalle auf den Namen Paradiespforte. Die Vorhalle enthält die anrührendste und berühmteste Skulpturengruppe des Magdeburger Doms, eine in die Zeit um 1250 datierte Darstellung des biblischen Gleichnisses von den fünf klugen und den fünf törichten Jungfrauen. Ihre Gesichtszüge und Gesten offenbaren unterschiedlichste Gefühlsregungen, von überschäumender Freude bis zu tiefstem Schmerz. Von einem anderen Künstler geschaffen, sind den beiden Jungfrauengruppen die Standbilder der Ecclesia und der Synagoge gewissermaßen als Leitfiguren zugeordnet, als Sinnbild des Christentums und des Judentums. Hier wird auch der Antijudaismus des Mittelalters deutlich: Der triumphierenden christlichen Kirche wird das mit Blindheit geschlagene Judentum gegenübergestellt.

❸ OSTFASSADE   S. 40

Am Chor im Osten begann der Neubau. Die fünf Chorkapellen zu ebener Erde sind noch von der Romanik geprägt, während das Obergeschoss – der Bischofsgang erlaubte einen Zugang zum erzbischöflichen Palast – bereits viele Elemente der frühen Gotik aufweist. Darüber wiederum erhebt sich das gotische Langhaus. Nach Süden schließen sich Remter, Domküsterei aus dem 19. Jahrhundert und die hochgotische Marienkapelle an. Das Untergeschoss des Remters stammt noch aus ottonischer Zeit. Heute ist er u. a. Übungsstätte des Domchors, dem seinerzeit schon Walther von der Vogelweide gelauscht hat. Das Pflaster zwischen Domchor und Remter nimmt die Grundrisse der darunterliegenden Krypta des ottonischen Doms auf. Sie ist vom Kreuzgang aus zugänglich.

❻ SÜDFASSADE   S. 40

Das lang gestreckte Gebäude des Konsistoriums wurde 1881 anstelle des Domgymnasiums errichtet. Es wurde 1945 zum Teil schwer beschädigt. Das barocke Portal (um 1700) ist eines von zwei Portalen der Deutsch-Reformierten Kirche am Breiten Weg, die beim Neubau der Hauptpost abgerissen wurde.

❼ EPITAPH FÜR WERNER VON PLOTHO   S. 40

Betritt man den Dom durchs Hauptportal, findet sich zur Rechten über der schlichten Pforte zum Turmaufgang das reich geschmückte Epitaph des 1589 ge-

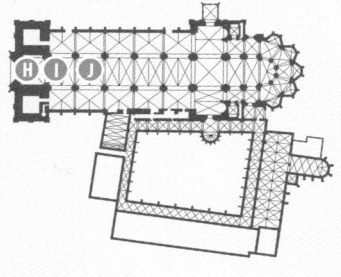

storbenen Domherrn Werner von Plotho. Es wurde von dem aus Pirna stammenden Bildhauer Hans Klintzsch geschaffen. Dargestellt sind u. a. die beiden Domheiligen Mauritius und Katharina und die Verkündigung der Geburt Jesu.

⒣ TURMHALLE   S. 40

Die Halle zwischen den beiden Domtürmen wurde 1494 zur Marienkapelle umgestaltet und 1498 durch ein kunstvoll geschmiedetes Gitter vom Mittelschiff abgetrennt. Das Kunstwerk soll bei der Einweihung zusammengebrochen sein, weshalb der Meister vom Teufel geholt wurde, und zwar durch die danach so benannte Teufelsluke in etwa 30 Meter Höhe. Die Marienkapelle nahm die 1495 geschaffene Bronzetumba für den 1513 verstorbenen Erzbischof Ernst auf. Das Grabmal gilt als eines der bedeutendsten Werke des Nürnberger Kunstgießers Peter Vischer d. Ä. Es zeigt den ruhenden Erzbischof, die Apostel an den Längsseiten und die beiden Schutzheiligen des Erzbistums Magdeburg und des Bistums Halberstadt, Mauritius und Stephanus. Zur Ausstattung der Kapelle gehören ein siebenarmiger Leuchter (1494) und eine Mauritiusfigur aus Alabaster. Tugend, Laster und Hohn auf das Judentum sind die Themen der Kapitellmotive.

◀ Vom anderen Elbufer sind die Stümpfe der geplanten Osttürme des Doms gut zu erkennen

⒤ HAUPTORGEL   S. 40

Über der Turmhalle erhebt sich die Hauptorgel des Doms, die im Mai 2008 eingeweiht wurde. Die von Schuke in Potsdam gebaute Orgel ist 14,75 Meter hoch, 10,75 Meter breit, 9,15 Meter tief und wiegt 93 Tonnen. Ihre 93 Register und 6.139 Pfeifen machen das Instrument zu einer Ausnahmeerscheinung. Der Orgelprospekt stammt vom Innenarchitekten Tibor Kiss. Mit drei spitzen Bögen knüpft er an die Gotik des Magdeburger Doms an. Die ausschließlich aus privaten und öffentlichen Spenden finanzierte Orgel steht an der Stelle, wo mit großer Wahrscheinlichkeit bereits 1377 die erste Domorgel erklang. Ihr folgten 1605/06 die berühmte Orgel von Heinrich Compenius, dann 1830 eine Reubke-Orgel und zu Beginn des 20. Jahrhunderts eine Röver-Orgel.

⒥ TAUFBECKEN   S. 40

Das Taufbecken im Mittelschiff ist aus rotem Porphyr geformt. Es soll von Otto dem Großen für den von ihm gegründeten Dom aus Ravenna nach Magdeburg geholt worden sein. Dort dürfte es als Springbrunnen gedient haben, worauf eine Wasserzuleitung hindeutet. Das Becken ist vermutlich in der Antike von den Römern aus Ägypten geholt worden.

ⓚ EPITAPHE IM SÜDLICHEN SEITENSCHIFF S. 40

An der Turmwand im südlichen Seitenschiff hängt das einzige noch erhaltene hölzerne Epitaph im Dom. Es ist dem Domherrn Heinrich von Asseburg († 1611) gewidmet. Es erzählt die Legende, nach der Asseburgs Gemahlin aus dem Scheintod erwachte, als Räuber ihr Grab plünderten. Die daneben stehende Marmorbüste des Domschulrektors Gottfried Benedikt Funk († 1814) wurde von Christian Rauch geformt. Am ersten Seitenschiffjoch befindet sich das Epitaph des Obristen Ernst von Mandelsloh († 1602) und seiner Ehefrau Barbara von Bodenhausen. Es stammt vom Schöpfer der Domkanzel, Ernst Kapup. Am nächsten Joch erinnert eine Büste an den Domprediger Dr. Reinhard Bake. Dessen Kniefall vor dem kaiserlichen General Tilly bewahrte am 10. Mai 1631 die in den Dom geflüchteten letzten 4.000 Magdeburger vor dem Tod. Neben der Tür zur Großen Sakristei befindet sich unter dem zerstörten Epitaph des Domherren Friedrich von Arnstedt eine Sakramentsöffnung für einen früheren Altar. Dort hinterließen die Dombauleute eine kleine Spielerei. Wer den Kopf in die Öffnung steckt, hört das Rauschen des eigenen Blutes als ein lautes Tosen. Das bronzene Epitaph am nächsten Joch im südlichen Seitenschiff erinnert an den Domherren Georg von Koppehel († 1604). Er soll ein Nachkomme des an der Nordfassade des Querschiffs dargestellten Schäfers sein. Das danebenhängende große Epitaph des Domherren Christian von Hopkorf († 1599) zeigt u. a. Szenen des Jüngsten Gerichts.

ⓛ EPITAPH IM MITTELSCHIFF S. 40

Das Hängeepitaph des Domherrn Ludwig von Lochow († 1616) stammt von Sebastian Ertle. Lochows Wirken verdankt der Dom ein Uhrwerk, eine Glocke, die Kanzel und die Compenius-Orgel. Hinter dem Bildnis Lochows ist die Erlösung durch Christus Thema des Epitaphs.

ⓜ EPITAPHE IM NÖRDLICHEN SEITENSCHIFF S. 40

Nach einer an Riemenschneider erinnernden Darstellung der Heiligen Familie am dritten Joch trifft man am fünften auf zwei Renaissance-Epitaphe des Bildhauers Hans Klintzsch. Mit zahlreichen Skulpturen ausgestattet, würdigt das erste den Domherrn Johann von Bothmar († 1592), den Stifter der Domkanzel. Neben einem Bildnis des Verstorbenen sind Szenen aus dem Leben Christi und die beiden Schutzheiligen des Magdeburger Doms dargestellt. Auch

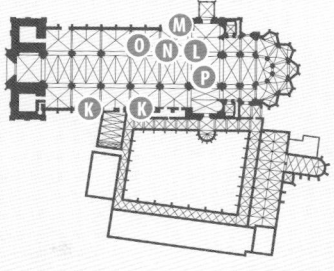

das über zwei Geschosse reichende Epitaph für den Domherrn Levin von der Schulenburg (†1587) stattete Klintzsch mit einer großen Anzahl von Figuren aus. Es zeigt die Kreuzigung Jesu, die Domheiligen, die Opferung Isaaks, die Erhöhung der Schlange, den Sündenfall und die Vertreibung aus dem Paradies, außerdem Schulenburg und seine Gemahlin Fredeke von Alvensleben. Verdienste erwarb sich der einflussreiche Domherr als Vermittler zwischen dem noch katholischen Domkapitel und der bereits zum lutherischen Glauben übergetretenen Stadt.

Ⓝ DIE KANZEL   S. 40

Die Kanzel im Mittelschiff entstand 1595 bis 1597. Sie befindet sich am gleichen Pfeiler wie die etwa zeitgleich entstandene spätgotische Mondsichelmadonna, die bis zur Reformation die wichtigste Andachtsfigur für die Gläubigen war. Die Kanzel gilt als eines der schönsten Kunstwerke der deutschen Renaissance. Die Figuren und Bildteile aus Alabaster stammen von Christoph Kapup, die Sandsteinarbeiten soll Sebastian Ertle gearbeitet haben, die aus Holz geschnitzten Teile Lulef Bartels. Geschmückt ist das Werk mit Episoden aus dem Leben Christi, Darstellungen der Evangelisten und der Schutzheiligen des Doms sowie Szenen aus dem Alten Testament (Schöpfung, Sündenfall und Sintflut). Die Kanzel ruht auf den Schultern von Paulus. Die Schall-

haube ziert neben Symbolen für Tugend und Glaube der Wappenadler des hl. Mauritius.

Ⓞ DAS HIMMLISCHE HERRSCHERPAAR   S. 40

Die 16-eckige Kapelle neben dem Kanzelpfeiler entstand um 1250 und war bis 1445 ein Teil der Chorschranke. Das auf einem Thron sitzende Herrscherpaar wurde vermutlich erst im 14. Jahrhundert in die Kapelle gestellt. Für die Magdeburger stellt es Otto den Großen mit seiner ersten Frau Editha dar. Der Teller mit 19 Kugeln symbolisiert 19 Tonnen Gold, die Otto für das Erzbistum stiftete.

Ⓟ DER LETTNER   S. 40

Der hochgotische Lettner wurde 1445 bis 1451 errichtet. Er trennte den Chor vom Kirchenschiff und damit die hohe Geistlichkeit von den einfachen Gläubigen. Ein Altar in der Mitte, eine darüber angebrachte Kanzel und zwei Portale verleihen Symmetrie. Die Portale sind mit Gittertüren verschlossen, die einen Blick auf die hinter dem Lettner gelegenen Heiligtümer ermöglichten. Heiligenfiguren sind an der Vorderseite (Maria Magdalena, Georg, Mauritius, Maria

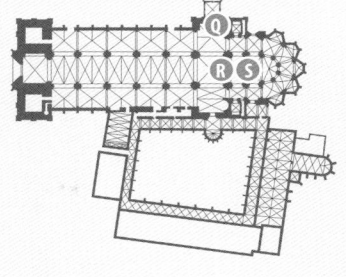

mit dem Jesuskind, der Apostel Jakobus und Katharina), an der Nordseite (Paulus, Ludolf und der Apostel Bartholomäus) und auf der Südseite (Dorothea, Bischof Nikolaus, der Apostel Petrus) dargestellt. Kunstgeschichtlich gilt das Kreuzigungsbild unterhalb der Kanzel als bedeutendstes Stück des Lettners.

ⓠ MAGDEBURGER MAL
S. 40

Im nördlichen Querhaus steht eines der bekanntesten Werke des Bildhauers Ernst Barlach (1870–1938), das Magdeburger Mal für die Gefallenen des Ersten Weltkrieges. Als es 1929 aufgestellt wurde, entfachte es wegen seiner neuen Formensprache Streit in der Domgemeinde und in der Öffentlichkeit. Barlach selbst beschrieb das Mal als „ein zusammengedrängtes Häuflein Kämpfer über einem Gräberfeld. Da sind Tote, Niedergebrochene und Standhaltende." 1934 wurde es auf Antrag des Domgemeindekirchenrates aus dem Dom entfernt und in der Berliner Nationalgalerie eingelagert. 1937 begann man in der Domgemeinde umzudenken. 1956 wurde das Mal auf ihren Antrag wieder aufgestellt. Brennende Friedenskerzen brannten im Herbst 1989 als Zeichen für eine gewaltfreie gesellschaftliche Erneuerung.

◀ Die Kanzel im Mittelschiff ist eine der prachtvollsten Ausstattungen im Dom

ⓡ GRAB OTTOS DES GROSSEN
S. 40

Der Sarkophag Ottos des Großen ist 1207 aus dem brennenden Kaiserdom gerettet und später im Chor des neuen Doms aufgestellt worden. Der schlichte Sarg aus Kalkstein ist mit einer antiken Marmorplatte bedeckt. Die Schrift aus Bronze wurde 1936 angebracht, als Ottos 1.000-jähriges Krönungsjubiläum gefeiert wurde. Sie soll früher goldumfasst den Sarkophag geschmückt haben. Übersetzt bedeutet der von Papst Leo I. stammende Vers: „Drei Gründe der Trauer sind unter diesem Marmor eingeschlossen: der König, die Zierde der Kirche, die höchste Ehre des Vaterlandes." Das Kaisergrab ist 1844 geöffnet worden. Dabei wurde festgestellt, dass sämtliche Grabbeilagen fehlen. Das lässt den Schluss zu, dass es in früheren Zeiten geplündert worden war.

ⓢ CHORGESTÜHL, ANTIKE SÄULEN UND CHORLEUCHTER
S. 40

Das Chorgestühl ist mit geschnitzten Bildern und Einzelfiguren ausgestattet. Die Seitenwangen tragen Reliefs, auf denen Szenen aus dem Leben Christi zu sehen sind. Das für die Geistlichkeit bestimmte Chorgestühl stammt vermutlich aus dem 14. Jahrhundert. Beim Neubau des Doms ab 1209 wurden im Hohen Chor Säulenschäfte aus Porphyr, Marmor und Granit aus dem ottonischen Dom verbaut. Kaiser Otto soll sie aus Ravenna nach Magdeburg geholt haben. Ein antiker Säulenschaft aus Marmor lieferte auch das Material für den Osterleuchter im Hohen Chor. Den Sockel – eine sich selbst in den Schwanz beißende Schlange – schuf Heinrich Apel.

❶ MAURITIUS UND KATHARINA   S. 40

Mauritius und Katharina sind mehrfach im Dom zu sehen. Die berühmtesten Bildnisse der beiden Schutzheiligen befinden sich im Hohen Chor. An zwei Säulen stehen sie sich dort gegenüber. Der hl. Mauritius ist im Kettenhemd als Befehlshaber der Thebaischen Legion dargestellt, das Gesicht erkennbar das eines Afrikaners, würdevoll und voller Güte. Der Offizier in römischen Diensten starb 285 als Märtyrer, weil er sich weigerte, Christen zu verfolgen. Otto der Große verehrte Mauritius und weihte ihm ein Kloster, den Dom und das Erzbistum Magdeburg. Unter den Ottonen wurde er zum Reichspatron erhoben. Sein Bildnis im Hohen Chor (1240) ist die älteste erhaltene Darstellung eines Afrikaners in Europa. Die hl. Katharina ist erst mit dem Neubau zur Mit-

patronin des Magdeburger Doms geworden. Die Heiligenlegende erzählt, dass sie während der Regentschaft des römischen Kaisers Maxentius heidnischen Göttern die Opfergabe verweigerte. Um 307 sollte sie zuerst auf das Rad geflochten werden. Das wurde durch das Eingreifen Gottes verhindert, so dass sie enthauptet wurde. Das Bildnis im Hohen Chor (um 1250) zeigt eine reich gekleidete, klug und gütig lächelnde Frauengestalt.

❿ HOCHALTAR   S. 40

Der Hochaltar wurde 1363 von Erzbischof Dietrich gestiftet. Er besteht aus rötlichem Knotenkalk. Unter einer Bodenplatte befindet sich ein Hohlraum, in dem früher Reliquiare aufbewahrt wurden. Die Altarplatte dürfte mit 4,40 Metern Länge und zwei Metern Breite die größte in Europa sein.

ⓥ KÖNIGIN EDITHAS GRABMAL   S. 40

Die englische Königstochter Editha, erste Gemahlin Ottos, starb 946. Sie wurde beigesetzt in der Kirche des Moritzklosters, die Otto ab 955 zum Dom umbauen ließ. Nach der Brandkatastrophe von 1207 wurde sie ebenfalls in den Neubau überführt. Auf der Deckplatte des von Erzbischof Ernst um 1500 gestifteten Grabdenkmals ist Editha lebensgroß dargestellt. An den Seiten des Grabmals aus Sandstein sind Heiligenfiguren angebracht, unter ihnen auch die der zweiten Gemahlin Ottos, Adelheid.

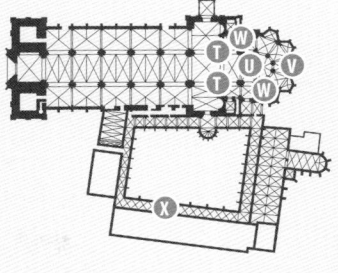

Es war vermutet worden, dass die sterblichen Überreste der Königin in einer Krypta unterhalb ihres Grabdenkmals ruhen. 2010 gelang der Nachweis, dass es sich bei dem Grabdenkmal nicht um eine Tumba, sondern um einen Sarkophag handelt. Nach einer Analyse wurden die Gebeine der Königin wieder an diesem Platz beigesetzt.

ⓦ GRABPLATTEN FÜR DIE ERZBISCHÖFE FRIEDRICH UND WICHMANN   S. 40

Im Chorumgang, dem ältesten Teil des Domneubaus, befindet sich die Grabplatte für Erzbischof Friedrich von Wettin († 1152). Eine zweite Grabplatte stellt vermutlich Wichmann († 1192), den bedeutendsten Magdeburger Erzbischof, dar. Er beriet Kaiser Friedrich Barbarossa und ließ 1188 das Magdeburger Stadtrecht festschreiben. Die beiden Bronzeplatten befanden sich ursprünglich im ottonischen Dom und sind beide in der berühmten Magdeburger Gießhütte gegossen worden. Im Jahr 2010 wurde allerdings an einer anderen Stelle im Dom ein erzbischöfliches Grab entdeckt, das vermutlich die sterblichen Überreste Wichmanns enthält.

ⓧ KREUZGANG   S. 40

Das Portal am südlichen Seitenschiff des Doms führt in den Kreuzgang, der den Domhof, die Begräbnisstätte für Mitglieder des Domkapitels, umschließt. Dem Portal gegenüber befindet sich die Tonsurkapelle aus dem 13. Jahrhundert mit einem Lebensbaumkruzifix von Jürgen Weber. Auch im Kreuzgang selbst gibt es zahlreiche Grabdenkmale. Der vermutlich älteste Grabstein stammt aus dem 10./11. Jahrhundert und wird Adalbert I., dem ersten Magdeburger Erzbischof, zugeordnet. Er befindet sich neben der Pforte des südlichen Querhauses. An der Ostseite des Kreuzgangs sind Reste eines Bildfrieses aus Putzritzungen erhalten. Die Zeichnungen stammen aus dem 13. Jahrhundert und sind in ihrer Art nördlich der Alpen einmalig. Zu erkennen sind Otto der Große und seine beiden Gemahlinnen Editha und Adelheid. Dargestellt sind auch die ersten 19 Magdeburger Erzbischöfe.

Am Dom 1 • Tel.: 0391 5410436 • www.magdeburgerdom.de • Mai–Sept. 10–18 Uhr, Okt. 10–17 Uhr, Nov.–März 10–16 Uhr, April 10–17 Uhr • Dom-Führungen Mo.–Sa. 14 Uhr, So. 11.30/14 Uhr), Mai–Okt. zusätzlich Mo.–Do./Sa. 16 Uhr • Turm-Führungen Fr. 17 Uhr, Sa. 15 Uhr, So. 12 Uhr • Straßenbahn: Haltestelle Domplatz (Linien 2, 5, 9, 10) •

2 NORD/LB — S. 38

Vor dem Haupteingang des Magdeburger Doms stehend, ist auf der linken Seite das 2002 fertiggestellte Gebäude der Nord/LB zu sehen. Die Architekten Bolles und Wilson gliederten das Gebäude in drei Blöcke, um die historische Blockbebauung an der Westseite des Domplatzes wiederaufzunehmen. Durch die so gebildeten Sichtachsen ist der Dom vom Breiten Weg aus zu sehen. Im Erdgeschoss befinden sich Ladengeschäfte, Restaurants und Cafés. Zur Straßenseite hin erinnert eine Bronzeplastik an die zerstörte Stiftskirche St. Nicolai. Farblich stellt die Fassade des Bankgebäudes einen Kontrast zur benachbarten „Grünen Zitadelle von Magdeburg" dar: Dem Stahlbeton wurde bläulicher Quarzit vorgeblendet. Durch die dem Material eigene variantenreiche Färbung erweckt die Fassade einen lebendigen Eindruck.
Breiter Weg 7

3 DIE GRÜNE ZITADELLE VON MAGDEBURG — S. 38
TOP-TIPP

Die 2005 fertiggestellte „Grüne Zitadelle von Magdeburg" an der Nordwestecke des Domplatzes wurde in der Planung heftig angefeindet. Heute ist es der vielleicht populärste Neubau Magdeburgs

◄ Die „Grüne Zitadelle" verbindet typische Hundertwasser-Elemente mit einer Hommage an Magdeburgs Festungsgeschichte

und ein Anziehungspunkt für Einheimische und Besucher der Stadt. Das Gebäude ist das letzte fertig konzipierte und realisierte Bauwerk des 2000 verstorbenen Wiener Künstlers Friedensreich Hundertwasser. Auf einer Postkarte hat er dem Haus, das anfänglich „Hundertwasserhaus – Die Grüne Zitadelle" hieß, in Anlehnung an die Festungsgeschichte der Stadt den Beinamen „Grüne Zitadelle von Magdeburg" gegeben. Auch die Fassade mit sich durchziehenden Ziegelstreifen, die in Zinnen enden, nimmt Bezug auf Magdeburgs Zeit als Festungsstadt. Der Bau gruppiert sich um zwei Innenhöfe und wächst von Ost nach West auf sechs, im Wohnturm sogar auf zehn Stockwerke an. Die Westfassade nimmt den Straßenverlauf des Breiten Weges auf. Auch die Traufhöhe ist den umliegenden Bauten angepasst. Das Gebäude enthält Wohnungen und Geschäfte, ein Hotel mit 42 Zimmern, Gastronomie sowie eine Kindertagesstätte. Wie bei allen Hundertwasser-Bauten verfügt auch die Grüne Zitadelle über umfangreiche Grünflächen. 171 Bäume und 235 Gehölze sind auf den Dachflächen verteilt. Eine Besonderheit sind die Zwiebeltürme: Sie sind nicht massiv, sondern als Fächer ausgeführt, so dass auch dort Platz für Bepflanzung ist. Die Bewohner des Hauses haben das Fensterrecht – das Recht also, die Fassadenfläche um ihr Fenster frei zu gestalten, soweit der Arm reicht. Zusätzlich gibt es noch die Baumpflicht, d. h. jeder Mieter hat eine Aufsichtspflicht über die Vegetation am Gebäude. Das Gebäude wird durch die Hundertwasser eigene Vielfalt geprägt. Kein Grundriss gleicht dem anderen, und auch die Fenster sind unterschiedlich ausgeführt. Ein weiteres wichtiges Gestaltungselement ist die Spirale. Sie findet sich sowohl in Fußbodenmosaiken als auch am prägenden zehngeschossigen Wohnturm, der über einen umlaufenden Gang in Spiralform verfügt. Breiter Weg 9 • Tel.: 0391 6208655 • www.gruene-zitadelle.de • Führungen Mo.–Fr. 11/15/17 Uhr, Sa./So. 10–17 Uhr zu jeder vollen Stunde • Straßenbahn: Haltestelle Leiterstraße (Linien 2, 5, 9, 10) • 🚌 🛗 ♿

4 LANDTAG   S. 38

An der Nordseite des Domplatzes befindet sich der Landtag von Sachsen-Anhalt. Bei der Häuserfront unter einem gemeinsamen Mansarddach handelt es sich eigentlich um vier ursprünglich einzelne Gebäude.

An der Westecke der Nordfront (Nummer 9) ließ sich Festungsbaumeister Cornelius von Walrave 1723 bis 1725 sein Wohnhaus errichten. Walrave (1691–1773) galt als einer der begabtesten Festungsbaumeister zu seiner Zeit. Ab 1718 leitete er den Ausbau der Festung Magdeburg, und ab 1729 übernahm er die Oberleitung aller Festungsbauten in Preußen. Wie sehr Walrave damals in der Gunst des preußischen Königs stand, zeigt sich an seinem Palais. Er wurde durch königliche Order auf alle Zeit vom Grundzins befreit, und das Palais trägt deshalb über dem Portal den Schriftzug „Freyhaus". Aber königliche Gunst ist eine flüchtige Sache. Weil er Festungsbaupläne verraten haben soll, wurde Walrave 1748 in den Kerker der von ihm selbst entworfenen Sternschanze geworfen. Dort blieb er bis zu seinem Tod. Mit seinen zwölf Fensterachsen ist Walraves Haus das größte an der Nordfront des Domplatzes. Bemerkenswert ist der große dreieckige Giebel über vier Achsen, der von drei Vasen abgeschlossen wird. Das Portal wird von zwei Säulenpaaren hervorgehoben, die einen über dem Eingang liegenden Balkon stützen. Das Freyhaus wechselte wiederholt den Besitzer.

Seit 1834 beherbergte es nacheinander verschiedene Gerichte. 1911 wurde es wegen drohender Einsturzgefahr abgetragen und mit originaler Fassade wiederaufgebaut. 1944 durch Bomben zerstört, wurde es nach 1953 wiedererrichtet. Bis 1990 war dort die Wasserschifffahrtsdirektion zu Hause.

Auch beim Gebäude Domplatz 8 handelte es sich ursprünglich um ein Wohnhaus. Der Maurermeister Hans Georg Reinicke errichtete es 1724/25. Es blieb vermutlich bis ins 19. Jahrhundert in Privatbesitz. Danach beherbergte es das Preußische Domänen-Rentamt und nach dem Wiederaufbau die Wasserstra-

In den Barockbauten am Domplatz sitzt der Landtag Sachsen-Anhalts

ßendirektion. Seine barocke Fassade gliedert sich in drei Geschosse und acht Achsen und wird von einem über das Haus ragenden zweiachsigen Erker geprägt. Der geschwungene Giebel ist mit einer Frauenfigur und zwei Vasen gekrönt. Das erst 1992 wieder am ursprünglichen Platz eingesetzte Portal wird von zwei Säulen an den Seiten und einem Balkon hervorgehoben.

Das nebenliegende Gebäude (Domplatz 7) heißt Weinhändlerhaus. Ursprünglich hatte es der Weinhändler Christian Winneberg von 1724 bis 1728 als Wohnhaus für sich und seine Familie errichten lassen. Trotz wechselnder Eigentümer blieb es bis zur Zerstörung im Zweiten Weltkrieg in privatem Besitz. Nach dem Wiederaufbau wurde es bis 1990 von der Ingenieurschule für Wasserwirtschaft genutzt. Das dreigeschossi-ge Haus ist reich geschmückt. Die Figuren symbolisieren wie zwei weitere Figuren im Giebelrelief die Jahreszeiten.

Wie alle Gebäude der Nordseite des Domplatzes wurde auch das an der östlichen Ecke schwer zerstört. Die Nummer 6 wurde jedoch nicht wiederaufgebaut. An ihrer Stelle wurde 1953 ein stilistisch angepasstes Gebäude an die barocke Gebäudereihe angebaut. In der DDR beherbergte es die Ingenieurschule für Wasserwirtschaft.

Domplatz 6–9 • Tel.: 0391 5600 • www. landtag.sachsen-anhalt.de • Führungen nach telefonischer Vereinbarung • Straßenbahn: Haltestelle Domplatz (Linien 2, 5, 9, 10)

5 EHEMALIGE DOMDECHANEI S. 38

Das stark kriegszerstörte Gebäude an der Nordostecke des Domplatzes blieb lange Ruine. Der

1985 begonnene Wiederaufbau blieb unvollendet. Die barocke Domdechanei entstand 1728 bis 1731. Sie ersetzte die alte Dechanei, die der damalige Vorsitzende des Domkapitels, Christoph von Möllendorf, 1563 ursprünglich als Wohnhaus errichten ließ. Zwei Jahre danach wurde daraus der Amtssitz des Domdechanten. Der barocke Nachfolgebau diente nur noch einige Jahrzehnte der ursprünglichen Bestimmung. Im ausgehenden 18. Jahrhundert galt er als königlich-preußisches Gästehaus in Magdeburg und hieß fortan Fürstenhof. Die in der Stadt verehrte Königin Luise wohnte 1799 bis 1806 mehrfach dort. Auch Napoleon Bonaparte und sein Bruder Jérôme stiegen während ihrer Aufenthalte in Magdeburg hier ab. Ab 1812 diente das Gebäude als Wohnhaus und seit etwa 1830 als

Wohnung und Amtssitz des kommandierenden Generals des IV. Armeekorps. 1895 bezog das Städtische Museum das Haus. Ab 1906 waren dort die Sammlungen des Natur- und Heimatkundemuseums untergebracht.

Domplatz 5 • Straßenbahn: Haltestelle Domplatz (Linien 2, 5, 9, 10)

6 DOMHERREN-KURIE
S. 38

Das prächtigste barocke Gebäude am Domplatz steht auf früher erzbischöflichem Grund. Der Geheime Rat Dr. Christian Knaut ließ dort 1732 für sich ein Palais errichten. Der Entwurf des neunachsigen und dreigeschossigen Gebäudes wird dem Magdeburger Festungsbaumeister Walrave zugeschrieben. Das ist allerdings nicht zu belegen. Besonders herausgehoben wirkt der mehrfach geglie-

BREITER WEG – „PRUNKZIMMER MAGDEBURGS"

Der Breite Weg war bis ins 19. Jahrhundert hinein die einzige durchgehende Straße in Magdeburg vom Sudenburger Tor in unmittelbarer Nähe zum Dom bis zum Krökentor. Nach der Zerstörung Magdeburgs im Jahr 1631 wurden die Grundstücke nur nach und nach wieder bebaut. Da die Häuser hier in einer Reihe standen, nur von den abgehenden Querstraßen unterbrochen, standen sie zumeist nicht mit einer Giebelseite, sondern mit dem Dach der Straße zugewandt. Im Zeitalter des Barock entwickelte sich dann der Typ des Magdeburger Giebelhauses. Dabei wurde auf die Außenwand ein Schmuckgiebel aufgesetzt. In der Gestaltung lehnte man sich an die Treppengiebel an, die schon zur Renaissancezeit in Magdeburg verbreitet waren. Nachdem auch früher errichtete Bauten dem neuen Zeitgeschmack angepasst worden waren, galt der Breite Weg bis zur Mitte des 19. Jahrhunderts als längste Barockstraße Europas. Danach fielen jedoch immer mehr Barockhäuser Neubauten zum Opfer, sodass bereits vor den Zerstörungen des Zweiten Weltkrieges drei Viertel des Barockbestands verloren gegangen waren.

derte und aufwendig gestaltete dreiachsige Mittelteil: Vier Hermen und vier Säulen stützen links und rechts vom Portal einen über die ganze Breite reichenden Balkon. Auf den Säulen stehen außerdem vier Statuetten. Beachtlich ist auch der dreieckige Giebel des Mittelteils mit ovalem Mittelfenster, einer Schmuckvase und zwei liegenden Figuren. Sie stellen die Jagdgöttin Diana und den Götterboten Merkur dar. 1753 kaufte der Domherr Ernst August von dem Busche das Gebäude und richtete es als Domherrenkurie her. 1840 erwarb der Kaufmann Eduard Baensch das Haus, nahm zahlreiche Umbauten vor und verkaufte das Gebäude 1846 an die preußische Regierung. Sie richtete in der früheren Domherrenkurie die Amtswohnung des Regierungspräsidenten ein. In der DDR wurde das Palais nach Beseitigung der Kriegsschäden von staatlichen Ämtern genutzt, z. B. durch das Wehrkreiskommando der NVA. Seit 1990/91 ist die frühere Domherrenkurie Sitz der Staatskanzlei und war zwischenzeitlich auch Domizil des Ministerpräsidenten des Landes Sachsen-Anhalt.

Domplatz 4 • Straßenbahn: Haltestelle Domplatz (Linien 2, 5, 9, 10)

7 KÖNIGLICHES PALAIS
S. 38

Auch ältere Magdeburger zucken meist ratlos mit den Schultern, wenn sie nach dem Weg zum Schloss gefragt werden. Aber tatsächlich ordnete Kurfürst Friedrich III. 1700 an, am Domplatz ein kurfürstliches Schloss zu errichten. Vermutlich erhebt es sich über den Resten der einstigen Kaiserpfalz Ottos des Großen. Mit Sicherheit steht es an der Stelle des 1314 erstmals erwähnten erzbischöflichen Palastes. Nach der Reformation residierten die Magdeburger Erzbischöfe in Halle, und ihr Palast in Magdeburg verfiel. Die Einwohner nutzten seine Steine zur Verstärkung der Stadtmauer und – nach der Zerstörung 1631 – zum Bau neuer Häuser. 1944 wurde der Palast zerstört und in mehreren Etappen bis Ende der 70er Jahre wiederhergestellt. Die zum Domplatz weisende Fassade kommt ohne aufwendige Verzierungen aus. Am auffälligsten sind die über dem Mittelfenster der Beletage befindlichen Schmuckelemente: preußischer Adler, Königskrone und zwei Posaunenbläser. Während der Feldzüge Friedrichs II. diente das Palais der königlichen Familie als Wohnstätte, ab 1714 nutzte es die Regierung des Herzogtums Magdeburg. Später residierte dort die Kriegs- und Domänenkammer. 1815 bis 1851 war das Gebäude Amtssitz und Dienstwohnung des Oberpräsidenten, später beherbergte es das Wasserwirtschaftsamt und nach dem Zweiten Weltkrieg die Leitung eines Baukombinats. Heute gehört es der Landesregierung.

Domplatz 2–3 • Straßenbahn: Haltestelle Domplatz (Linien 2, 5, 9, 10)

8 KAPELLE ST. GANGOLF S. 38

Am hinteren Mittelflügel des Schlosses gibt es einen kleinen sakralen Anbau. Es handelt sich um die Reste der Stiftskapelle St. Gangolf, die auf die 1004 bis 1012 von Erzbischof Tagino gestiftete erzbischöfliche Hauskapelle zurückgeht. In ihr wurden Herzen und Eingeweide der verstorbenen Erzbischöfe beigesetzt. Der Volksmund bedachte die Kapelle daraufhin mit dem nicht gerade pietätvollen Namen „Kaldaunenkapelle". Während der Regentschaft von Erzbischof Peter entstand 1373 ein Neubau als Teil des Kollegiatsstifts Zur Heiligen Jungfrau Maria. Nach der Reformation wurde es in das Kollegiatsstift St. Gangolf umgewandelt, das bis 1810 bestand. Reste der Kapelle wurden in den Neubau des barocken Schlosses einbezogen, beim Umbau des Schlosses 1906/07 aber weiter verringert. Der Fünf-Achtel-Chor wurde 1991/92 wiederhergestellt.

9 NEUE UND ALTE MÖLLENVOGTEI S. 38

An der Ostseite des Domplatzes stehen gleich in der Nachbarschaft zum gotischen Dom die Alte und die Neue Möllenvogtei. Die Nähe zur Kathedrale ist nicht zufällig. Hier führten bis 1810 die Möllenvögte die Rechtsgeschäfte der Magdeburger Erzbischöfe. Der Name selbst leitet sich von einer früheren erzbischöflichen Mühle ab, deren Ruine erst 1432 entfernt worden war. Die siebenachsige Neue Möllenvogtei steht auf einem Teil der Grundmauern des erzbischöflichen Palastes. Sie wurde 1744/45 als Wohn- und Amtshaus für den Möllenvogt errichtet. Ursprünglich besaß das Gebäude nur zwei Stockwerke, später wurde ein drittes hinzugefügt. Die dem Domplatz zugewandte Seite des Hauses ist ausgesprochen schlicht gestaltet. Abgesehen vom Portal und von der Kragplatte über der Mittelachse gibt es keinen ornamentalen Schmuck. Den wiederum tragen die beiden Tore des barocken Vorhofs zwischen Neuer Möllenvogtei und dem benachbarten Schloss, der nach 1730 errichtet wurde. Nachdem die Möllenvogtei 1810 aufgehoben worden war, zogen nacheinander Regierungsbehörden, Konsistorium und wieder Ämter der Regierung in das Gebäude. In der DDR wurde es von der staatlichen Gewerkschaft FDGB und durch die Stadtverwaltung genutzt. Gegenwärtig befindet es sich im Besitz des Landes.

Die hinter dem barocken Nachfolgebau gelegene Alte Möllenvogtei ist etwa 150 Jahre älter als der repräsentativere barocke Amtssitz.

Domplatz 1 • Straßenbahn: Haltestelle Domplatz (Linien 2, 5, 9, 10)

10 STADTTOR AM MÖLLENVOGTEI-GARTEN S. 38

Zwischen Möllenvogtei und Remtergang 1 befindet sich das einzige noch am Originalstandort er-

Der Garten der Möllenvogtei, ein gärtnerisches Kleinod, versteckt sich zwischen Domplatz und Fürstenwall

haltene Stadttor. Es wurde 1493 aus Backsteinen errichtet, die zum Teil verputzt sind. Im Mittelalter diente es als Zugang zum Hafen des Erzbischofs. Heute führt es in den neu gestalteten Möllenvogteigarten. Er wurde 1377 erstmals erwähnt und ist die wohl älteste gärtnerische Anlage der Stadt. Wahrscheinlich ist er aus dem erzbischöflichen Baumgarten hervorgegangen. Heute wird der Garten auch für Veranstaltungen genutzt.

🔟 REMTERGANG 1 UND 2   S. 38

Das Fachwerkhaus am Remtergang 1 ist das älteste noch erhaltene Wohnhaus der Stadt. Es wurde im 16. Jahrhundert als Domherrenkurie erbaut und überstand

die beiden großen Zerstörungen der Stadt im 17. und im 20. Jahrhundert. Zum Haus gehören ein romanisches Kellergewölbe und ein barocker Saal. Zuerst Wohnsitz verschiedener Domherren, wurde es nach 1631 als Syndikatshaus genutzt. 1815 ging es ins Eigentum der preußischen Domänenkammer über, zu Beginn des 20. Jahrhunderts in das der Magdeburgischen Land-Feuer-Sozietät. In der DDR beherbergte das Gebäude die Dombauhütte, heute ist es ein privates Wohnhaus.

Der Anbau aus Bruchstein (Remtergang 2) an der Ostseite des Domkreuzgangs wurde 1880 als Wohnung für den Domführer errichtet. Heute ist es die Domküsterei.

12 FÜRSTENWALL MIT KIEK IN DE KÖKEN   S. 38

Wer sich nach dem Passieren des Remtergangs nach links wendet, gelangt auf den Fürstenwall. Dabei handelt es sich um eine mittelalterliche Festungsanlage. Fürst Leopold von Anhalt-Dessau, ab 1701 Magdeburger Festungsgouverneur, ließ auf dem Festungswall einen parkartigen Promenadenweg anlegen. Zu den Sehenswürdigkeiten gehört auch der Turm Kiek in de Köken. Er entstand 1431 zeitgleich mit weiteren Wehrtürmen. Die Legende erzählt, dass man vom Turm aus in die Küche des erzbischöflichen Palastes sehen konnte. Tatsächlich gab es heftige Auseinandersetzungen zwischen Bürgern und Erzbischof über den Bau dieser Wehrtürme, die sogar in die Flucht von Erzbischof Günther mündeten. Doch schließlich wurde dem Erzbischof ein Mitbesitz an den Türmen zugestanden und beide Seiten vertrugen sich wieder. Am nördlichen Ende des Fürstenwalls erinnert eine auf einer Säule stehende Frauengestalt an die Mystikerin Mechthild von Magdeburg. Mit ihrer Bildsäule aus lichtdurchlässigem Kunststoff erinnert die kanadische Künstlerin Susan Turcot an Mechthilds Hauptwerk „Das fließende Licht der Gottheit".

13 WASSER- UND SCHIFFFAHRTSAMT   S. 38

Direkt am Fürstenwall liegt ein burgähnliches Gebäude. Es wurde 1842 als Sitz des Oberpräsidenten, des obersten Verwaltungsbeamten der preußischen Provinz Sachsen, errichtet. Architektonische Besonderheiten sind ein über zwei Etagen reichender Saal und die gusseiserne Haupttreppe. Heute wird das Haus als Dienstgebäude des Wasser- und Schifffahrtsamts genutzt. Ein zweiter Dienstsitz des Amtes liegt direkt in der Nachbarschaft, in der Fürstenwallstraße 19. Dabei handelt es sich um ein bereits 1723 errichtetes barockes Wohnhaus. Einer der späteren Besitzer des Hauses war Heinrich Wilhelm Bachmann. Das Mitglied der sogenannten Mittwochsgesellschaft stellte sein Haus den literarischen und geistigen Kreisen Magdeburgs zur Verfügung. Er unterhielt auch Beziehungen zu Klopstock und Gleim.

Fürstenwallstraße 19–20 • Tel.: 0391 53 00 • www.wsa-magdeburg.wsv.de • Di./Do. 9–11/13–14.30 Uhr, Mi. 9–11 Uhr

14 KLOSTER UNSER LIEBEN FRAUEN MIT MARIENKIRCHE   S. 38
TOP-TIPP

Wer in Magdeburg zu Gast ist, sollte nicht versäumen, das Kloster Unser Lieben Frauen und die dazugehörige Marienkirche zu besuchen. Er findet einen geschichtsträchtigen Platz und ein bedeutendes Bauwerk vor. Das Kloster stammt aus dem 11. Jahrhundert und ist das älteste noch erhalte-

▶ Das Kloster Unser Lieben Frauen mit der Marienkirche

ne Gebäude der Stadt. Es geht auf eine Gründung von Erzbischof Gero (Amtszeit 1012–1023) zurück, der an dieser Stelle 1015 ein Kollegiatsstift und eine Kirche errichten ließ. Er ließ beide der Jungfrau Maria weihen. Wenig später, in der Amtszeit von Erzbischof Werner (1063–1078), wurde die Anlage im romanischen Stil umgebaut. Als Norbert von Xanten 1126 zum Erzbischof geweiht worden war, ersetzte er 1129 die Kanoniker des Stifts gegen Mönche des von ihm gegründeten Prämonstratenserordens. Von Magdeburg aus entstanden in den folgenden Jahren 16 weitere Klöster des Ordens, u. a. das wegen seiner Backsteinromanik bekannte Kloster Jerichow.

1632 verließ der Orden Magdeburg. Bereits sechs Jahre zuvor waren die Gebeine des inzwischen heiliggesprochenen Norbert aus der Marienkirche ins Kloster Strahov nach Prag überführt worden, wo sie noch heute ruhen. Die vom Abt des Prager Klosters angeregte Überführung traf auf erbitterten Widerstand von Rat und Bürgern der Stadt. Sie beriefen sich dabei auch auf das Vermächtnis des am 6. Juni 1134 verstorbenen Norbert, wonach er in der Marienkirche des Klosters Unser Lieben Frauen bestattet zu sein wünschte. Noch 1709 befasste sich in Jena eine Dissertation mit diesem Thema. Der Autor versuchte nachzuweisen, dass die Magdeburger den Pragern falsche Gebeine untergeschoben hätten und Norbert noch immer in Magdeburg ruhte.

Zu Lebzeiten Norberts war das Verhältnis zwischen ihm und den Magdeburgern allerdings alles andere als herzlich. Mehrfach begehrten die Bürger gegen das harte Regime des Erzbischofs auf. Es gab Anschläge auf sein Leben und zeitweilig sollen sie ihn sogar aus der Stadt vertrieben haben.

Eine neue Blüte erlebte das Kloster, als 1689 in seinen Mauern aus der früheren Klosterschule das Pädagogium zum Kloster Unser Lieben Frauen gegründet worden war. Zu seinen Schülern gehörten u. a. der Dichter und Theatermann Carl Leberecht Immermann, der Dramatiker Georg Kaiser und der Philosoph Karl Rosenkranz. Die Lehrstätte bestand bis 1928.

ÖFFENTLICHER STADTRUNDGANG

Der öffentliche Stadtrundgang startet täglich (auch an Sonn- und Feiertagen) um 11 Uhr vor der Tourist-Information Magdeburg (Ernst-Reuter-Allee 12). Die Route führt über Dom, Kloster Unser Lieben Frauen, Hundertwasserhaus, Altes Rathaus, Magdeburger Reiter, Neues Rathaus, Eulenspiegel-Brunnen, Otto-von-Guericke-Denkmal, Magdeburger Originale, Hauptpost, Freimaurerloge, Magdalenenkapelle, Johanniskirche, Barocke Bürgerhäuser … Preis: 6 Euro (ohne Voranmeldung), Dauer: 2 Stunden

Nach der Beseitigung der Bombenschäden dient die Anlage seit den 1970er Jahren als Kunstmuseum. In der DDR war dort die Nationale Sammlung Kleinplastik untergebracht. Die Marienkirche wird seit 1977 als Konzerthalle „Georg Philipp Telemann" genutzt. Sie ist mit einer Orgel ausgestattet. Auch St. Marien war wiederholt wichtiger Geschichtsort. Nachdem 1207 der ottonische Dom beim Stadtbrand vernichtet wurde, stieg die Klosterkirche praktisch über Nacht zur erzbischöflichen Kathedrale auf. 1212 verkündete von hier aus Erzbischof Albrecht II. im Auftrag des Papstes den zwei Jahre zuvor verhängten päpstlichen Bann über Kaiser Otto IV.

Trotz einiger Kriegsschäden ist das Kloster Unser Lieben Frauen ein einmaliges Ensemble aus dem 11. Jahrhundert. Schmuckstück ist der zweigeschossige Kreuzgang. Er gilt als das schönste Beispiel eines solchen Bauwerks im deutschsprachigen Raum. Auch das zweigeschossige Brunnenhaus mit gemauertem Kegeldach gilt als eine architektonische Besonderheit. Es ragt vom Ostflügel des Kreuzgangs in den Innenhof. Das ehemalige Winterrefektorium dient heute Ausstellungszwecken, ebenso die zwei darunterliegenden Tonnengewölbe, die von den Mönchen als Küche und Vorratsraum genutzt wurden. Anstelle des kriegszerstörten Sommerrefektoriums wurde ein Museumscafé eingerichtet. Fünf Bronzetüren

aus jüngerer Zeit sind Werke namhafter Bildhauer, u. a. von Heinrich Apel, Werner Stötzer und Waldemar Grzimek. Das Kloster besitzt eine bedeutende Bibliothek mit etwa 22.000 Bänden, deren älteste aus dem 15. Jahrhundert stammen.

Die von außen romanische Kirche St. Marien überrascht durch frühgotische Gewölbe in Langhaus, Querhaus und Chor. Sie wurden zwischen 1220 und 1240 eingezogen, weil der romanische Innenraum 1188 bei einem Brand zerstört worden war. Die Kirche ist als dreischiffige Säulenbasilika angelegt. Unter dem Chor befindet sich eine frühromanische Krypta, die wegen ihrer Architektur als einzigartig gilt.

Regierungsstraße 4–6 • Tel.: 0391 565020 • www.kunstmuseum-magdeburg.de • Tel.: 0391 5406770 • www.gesellschaftshaus-magdeburg.de • Ausstellungen Di.–So. 10–17 Uhr • Bibliothek Di./Do. 10–16 Uhr • Straßenbahn: Haltestelle Leiterstraße (Linien 2, 5, 9, 10) •

15 TELEMANN-DENKMAL
S. 38

Vor einer Hauswand gegenüber der Pforte des Klosters Unser Lieben Frauen erinnert seit 1981 ein von Eberhard Roßdeutscher geschaffenes Denkmal an den Magdeburger Barockkomponisten Georg Philipp Telemann. Dargestellt sind auf einer Mittelsäule der dirigierende Telemann und auf stilisierten Orgelpfeifen die vier Temperamente.

Das Zentrum der südlichen Altstadt ist der Hasselbachplatz. Hier laufen fünf Straßen mit mehreren Straßenbahnlinien zusammen, was ihn zu einem wichtigen Verkehrsknotenpunkt Magdeburgs macht. Der „Kiez" rund um den Hasselbachplatz ist Kneipen- und Ausgehzentrum der Stadt. In der südlichen Altstadt befinden sich u. a. die jetzt stillgelegte Hubbrücke (einst die größte Europas), eine Bastion aus dem 16. Jh. sowie mit dem Klosterbergegarten der erste Volkspark Deutschlands. Das Palais am Fürstenwall ist der Amtssitz des Ministerpräsidenten Sachsen-Anhalts. Die Sternbrücke verbindet den Stadtteil mit der Elbinsel Rotehorn.

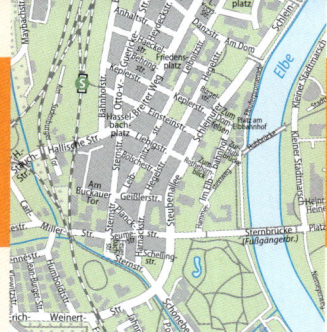

Siehe große Karte   S. 66

SEHENSWERTES

Klosterbergegarten Der erste Volkspark Deutschlands lädt zum Flanieren durch eine wunderschöne Gartenanlage ein.   S. 72 **8**

Hubbrücke Ein technisches Denkmal, das die Ansicht der Stadt prägt.   S. 74 **11**

Hasselbachplatz Die Kneipenmeile Magdeburgs. Hier findet sich für jeden Geschmack etwas.   S. 74 **12**

GASTRONOMIE

Porten Hier gibt es internationale Küche auf gehobenem Niveau und leckere Cocktails. Entspannen kann man auf der gemütlichen Terrasse.   S. 118 **10**

Café Central Programm-Café im Stil der 1920er Jahre, regelmäßig Live-Veranstaltungen.   S. 121 **28**

Escape Espressobar Modernes Ambiente, kleine Snacks, leckerer Kaffee und zu später Stunde auch Cocktails.   S. 121 **32**

EINKAUFEN

Galerie Himmelreich Zeitgenössische Werke, ausgestellt in der traditionsreichsten Magdeburger Galerie.   S. 125 **14**

ÜBERNACHTUNG

Residenz Joop Übernachten in einer Gründerzeitvilla, im 20 Jh. schwedisches Konsulat, benannt nach dem Konsul Wilhelm Joop.   S. 128 **5**

Blick auf die Sternbrücke

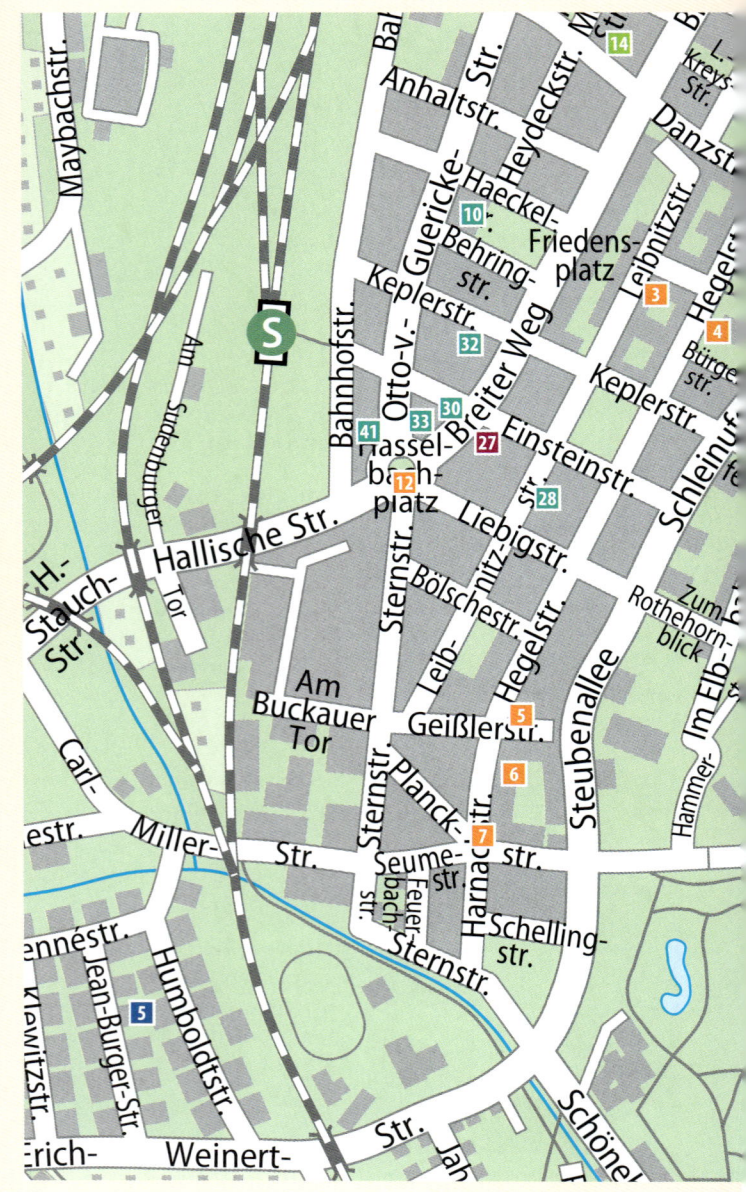

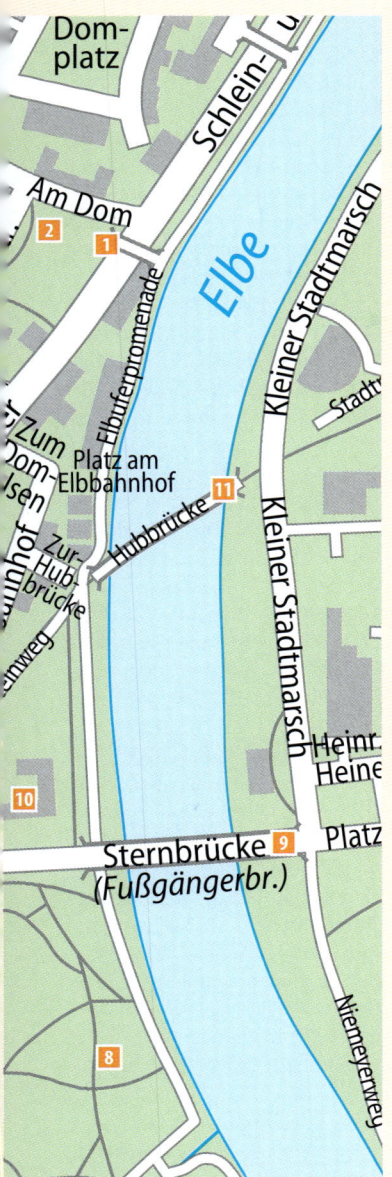

SEHENSWERTES

GASTRONOMIE

EINKAUFEN

ÜBERNACHTUNG

KULTUR UND FREIZEIT

1 BASTION CLEVE S. 66

ENTDECKER-TIPP

Südöstlich des Doms liegt die Bastion Cleve. Sie war im 16. Jahrhundert um den mittelalterlichen Wehrturm Cleve angelegt worden und bildete den südöstlichen Abschluss der Befestigungsanlagen. 1872 wurde sie abgetragen. Teile der Bastion wurden zugeschüttet. Darüber entstand der Fürstenwallpark. Bei Bauarbeiten stieß man 2004 auf die Festungsreste und entschloss sich, Teile der Bastion zu restaurieren. Seit 2010 ist sie mit dem wiedererrichteten Wehrturm zugänglich. Im Inneren informiert ein Modell über die frühere Festung Magdeburg. Eine Fußgängerbrücke verbindet die Bastion mit dem Promenadenweg an der Elbe.

Fürstenwall 3 • Führungen nach Voranmeldung über Tourist-Information unter Tel.: 0391 8380403

2 FÜRSTENWALL-PARK S. 66

Der Magdeburger Gartenbaudirektor Rudolf Johann Gottlieb Schoch (1853–1905) erarbeitete 1900 einen Gestaltungsentwurf für das Areal, weil dort ein Kriegerdenkmal aufgestellt werden sollte. Diese Anlage blieb weitgehend original erhalten, Wegenetz und Baumbestand wurden nicht verändert. Im Zentrum der Parkanlage befindet sich das 1877 enthüllte „Denkmal zu Ehren der im Kampfe um Deutschlands Ehre und Einheit gefallenen Krieger des Stadtkreises Magdeburg". Schöpfer ist der in Burg geborene Architekt Hermann Eggert, als dessen Hauptwerk der Hauptbahnhof in Frankfurt am Main gilt. Die vier Bronzereliefs stammen von Emil Hundrieser. Am Rand des Parks befinden sich zwei Denkmale. Eine Plastik von Wolfgang Roßdeutscher erinnert an die Verfolgung der Sinti und Roma in der NS-Zeit. Ein paar Schritte entfernt steht eine Porträtbüste des Magdeburger Freiheitskämpfers Karl Friedrich Friesen. Er gilt als Mitbegründer der deutschen Turnbewegung. Als Mitglied der Lützower Jäger fiel er 1814 in La Lobbe (Frankreich). Die Bronzebüste von 1893 stammt von Ernst Habs. Auf dem Sockel befinden sich die Lebensdaten und die Inschrift: „Wie Scharnhorst unter den Alten ist Friesen unter den Jungen der Grösseste aller Gebliebenen."

3 DOMGYMNASIUM S. 66

Beim Domgymnasium handelt es sich um einen 1879/80 errichteten Neubau für die bereits 1675 gegründete Schule. Das Haupteingangsportal ist im Stil eines Triumphbogens aus Sandstein geformt. Im Rankenwerk sind Wappen und Jahreszahlen aus der Geschichte der Domschule integriert, die allerdings nur zum Teil erhalten sind. Geht man um die

▶ Die Bastion Cleve war Teil der südlichen Stadtbefestigung unmittelbar am Dom

Das Palais am Fürstenwall wurde als Dienstsitz für den Chef des preußischen IV. Armeekorps errichtet. Heute ist es Sitz des Ministerpräsidenten.

Schule herum, findet sich in der Leibnizstraße ein vierstöckiger kubischer Anbau mit dunkelroter Klinkerfassade, der von Johannes Göderitz gestaltet wurde. Heute ist das Haus wieder Heimstatt des neu gegründeten Ökumenischen Domgymnasiums.

Hegelstraße 5 • Tel.: 0391 598030 • www.domgymnasium-magdeburg. de • Straßenbahn: Haltestelle Domplatz (Linien 2, 5, 9, 10)

4 PALAIS AM FÜRSTENWALL   S. 66

Das Palais am Fürstenwall wurde zwischen 1889 und 1893 als Dienstgebäude für die Generalkommandantur des preußischen IV. Armeekorps errichtet. Es handelt sich um einen Bau im Stil italienischer Hochrenaissance mit barocken Einflüssen. Das Portal wird von zwei Säulen und zwei Pfeilern gerahmt, die einen Altan tragen. Das Erdgeschoss dient scheinbar nur als Sockel für das pompöse Obergeschoss. Dieses wird durch Pilaster und Halbsäulen gegliedert. In den beiden Wandnischen befanden sich ursprünglich Statuen des Mars und der Minerva. Im reich ausgestalteten Inneren ordnen sich alle Räume um das zentrale gebäudehohe Vestibül. Betritt man das Haus, wird man unter einer bemalten Decke mit Treppenstufen aus schwarzem Marmor und ebensolchen Wandnischen, die mit vergoldeten Muschelformen verziert sind, empfangen. Beim Eintritt ins Treppenhaus steigert sich der Prunk noch einmal. Durch einen Zufallsfund war es den Restauratoren möglich, die Glasdecke in originaler Ätztechnik wiederherzustellen. Fällt die Sonne durch dieses Glas, taucht sie das Haus in bernsteinfarbenes Licht. Im Obergeschoss befanden sich der reich ausgestaltete Festsaal und die kaiserlichen Gemächer. Die Möbel aus dem früheren Kaiserschlafzimmer sind längst verschwunden, aber das Deckengemälde mit dem Thema „Tag und Nacht" gibt noch einen Eindruck von einstiger Pracht, wie auch der Kamin im südöstlichen Salon. Die Deckenmalereien in den anderen Zimmern sind ebenfalls beeindruckend. Im Empfangssalon versinnbildlicht z. B. die Germania, die sich von der Siegesgöttin krönen lässt, den siegreichen Ausgang des Deutsch-Französischen Krieges. Bekanntester Bewohner des Gebäudes war ohne Zweifel Kaiser Wilhelm II., der sich allerdings nie lange dort aufhielt. Länger (von 1904–1911) residierte hier Paul von Hindenburg in seiner Funktion als Kommandeur des IV. Armeekorps. Nach dem Ersten Weltkrieg beherbergte das Gebäude eine Finanzbehörde. Nach dem Zweiten Weltkrieg nutzten es zuerst die Amerikaner, später die sowjetische Militäradministration. 1946 bis 1949 residierte im Haus der Bezirks- und Kreisvorstand der SED, ab 1949 zog die Gesellschaft für Deutsch-Sowjetische Freundschaft ein. Von 1953 bis 1990 diente das Palais als Haus der Deutsch-Sowjetischen Freundschaft „Erich Weinert", nach einer umfangreichen Restaurierung der Landesre-

gierung für verschiedene Zwecke. Seit 2005 ist es Dienstsitz des Ministerpräsidenten.

Hegelstraße 42 • Straßenbahn: Haltestelle Domplatz (Linien 2, 5, 9, 10),

5 EHEMALIGES LANDES-HAUPTARCHIV S. 66

Das neogotische Gebäude wurde zwischen 1906 und 1908 als Königliches Staatsarchiv errichtet und bis 2011 als Archiv genutzt. Seine Form erinnert an den früheren Standort des Archivs in einem Seitengebäude des Domkreuzgangs. Über dem Haupteingang sitzt eine Eule als Zeichen der Weisheit. Außerdem zieren das Wappen der Provinz Sachsen sowie die Wappen der Landesteile, aus denen Bestände im Staatsarchiv aufbewahrt wurden, das Gebäude: das Rad des Erzbistums Mainz, das zusammengesetzte Wappen der Bistümer Magdeburg und Halberstadt und der Adler der Altmark.

Hegelstraße 25 • Tel.: 0391 56643 • www.lha.sachsen-anhalt.de • Straßenbahn: Haltestelle Hasselbachplatz (Linien 2, 3, 5, 8, 9, 10), Planckstraße (Linien 2, 8)

6 HEGELGYMNASIUM S. 66

Das neoklassizistische Hegelgymnasium an der Harnackstraße besteht eigentlich aus zwei kurz nacheinander errichteten Schulgebäuden. Zwischen 1913 und 1915 wurde das Gebäude der Viktoriaschule, städtisches Mädchenlyzeum und Oberlyzeum für Frauen, errichtet. Die Fassade wird von dem großen Rundbau für die Aula der Schule beherrscht. Zum Schleinufer hin steht der ältere Schulbau, die von 1910 bis 1912 errichtete Bismarckschule, einst Reformrealgymnasium für Jungen. Ein Rundturm an der Ecke beherbergte seinerzeit eine der ersten Schulsternwarten Deutschlands.

Nach Beschädigung im Zweiten Weltkrieg dienten die Schulen zu DDR-Zeiten als Haus der sowjetischen Offiziere und als sowjetische Mittelschule. Nach umfangreichen Sanierungsarbeiten nahm das Gebäude das Hegelgymnasium auf. Geißlerstraße 4 • Tel.: (0391) 5361711 • www.hegel-gymnasium.de • Straßenbahn: Haltestelle Planckstraße (Linien 2, 8)

7 STEUBEN-DENKMAL S. 66

Am Ende der Harnackstraße steht ein Denkmal für den in Magdeburg geborenen General von Steuben. Es handelt sich um eine Kopie des 1910 im Lafayette Park in Washington D.C. aufgestellten Steuben-Standbilds von Albert Jäger. Der 1730 geborene Steuben ging nach seinem Abschied aus der preußischen Armee 1777 nach Amerika und wurde dort Generalmajor und Generalinspekteur der Kontinentalarmee. Er hatte maßgeblichen Anteil daran, die zusammengewürfelten Truppen zu einer schlagkräftigen Armee zu formen. 1794 starb Steuben auf seiner Farm in Oneida County. Bis heute wird er in den USA verehrt, so gibt es z. B. seit 1957 die alljährlich stattfindende Steuben-Parade in New York.

8 KLOSTER-BERGEGARTEN S. 66

ENTDECKER-TIPP

Der Klosterbergegarten südlich des Stadtzentrums gilt als ältester Volksgarten Deutschlands. Er entstand ab 1825 nach Plänen des Potsdamer Gartendirektors Peter Joseph Lenné. Nach einem Besuch des preußischen Königs Friedrich Wilhelm III. erhielt der Park den Namen Friedrich-Wilhelms-Garten. Von 1828 bis 1829 wurde nach Plänen Karl-Friedrich Schinkels ein Gesellschaftshaus errichtet. 1835 war der Park endgültig fertiggestellt und umfasste etwa 33 Hektar, schrumpfte aber während der Industrialisierung auf rund elf Hektar. Der Magdeburger Industrielle Hermann Gruson schuf die Grundlage dafür, dass 1896 am westlichen Rand des Parks nach ihm benannte Gewächshäuser eröffnet werden konnten. Er hinterließ eine umfangreiche Pflanzensammlung und stiftete Gelder für die Gewächshausanlage. Zehn Schauhäuser beherbergen auf etwa 4.000 Quadratmetern Fläche rund 3.000 Pflanzenarten aus 350 Gattungen. Besonders bedeutsam ist die Kakteensammlung, darunter auch nach Gruson benannte Goldkugelkakteen Echinocactus grusonii, die teilweise

Der Klosterbergegarten wurde ab 1825 nach Plänen Lennés angelegt, im Hintergrund ein zum Wohnhaus umgebauter Speicher

fast 150 Jahre alt sind. Ab 1921 trug der Park dann den Namen Klosterbergegarten. 1924 entstand die große Treppenanlage zur neu gebauten Friedrich-Ebert-Brücke, der heutigen Sternbrücke. Das Gesellschaftshaus diente zwischenzeitlich als Lazarett, von 1945 und 1949 als Offizierskasino der sowjetischen Armee und ab 1950 als Pionierhaus. In dieser Zeit wurde der Park in Pionierpark umbenannt und verlor seine historische Gartenstruktur. 1978 wurde die Anlage unter Denkmalschutz gestellt. Seit 1990 heißt der Park wieder Klosterbergegarten und ist schrittweise rekonstruiert worden. Auch der 1960 beseitigte Inselteich, ein zentrales Gestaltungselement Lennés, wurde neu angelegt. Das Gesellschaftshaus wurde nach umfassender Rekonstruktion

2005 wiedereröffnet. Dort finden Konzerte und andere Veranstaltungen statt, das Zentrum für Telemann-Pflege und -Forschung hat dort seinen Sitz.

Schönebecker Straße • Gewächshäuser, Tel.: 0391 4042910 • Gesellschaftshaus, Tel.: (0391) 5406770 • Park frei zugänglich, ganzjährig geöffnet, Gewächshäuser Di.–So. 9–17 Uhr • Führungen So. 15 Uhr • Straßenbahn: Haltestelle AMO/Steubenallee (Linien 2, 8) •

9 STERNBRÜCKE   S. 66

Seit 1914 arbeiteten Magdeburgs Stadtväter an einem dritten Elbübergang, der die Altstadt durch den Rotehornpark mit dem östlichen Stadtteil Cracau verbinden sollte. Krieg, Wirtschaftskrise und Inflation verhinderten diesen Plan. Lediglich der Brückenschlag über die Stromelbe gelang. Er bestand aus einer Brücke über das Bahngelände des Elbbahnhofs und einer weiteren über die Stromelbe zum Rotehornpark. Die erste Brücke ist mit einigen Steinelementen verziert, die an den Namensgeber der Brückenanlage, die Sternschanze, erinnern. Bei beiden Brücken handelte es sich um Bogenbrücken. 1922 wurde die Sternbrücke eröffnet. Sie besaß vier Fahrspuren, eine Länge von 272 Metern und war 20 Meter breit. 1945 wurde die Sternbrücke wie alle anderen Brücken über die Elbe gesprengt. Sie wurde erst 2002 bis 2005 – in etwas verkleinerter Form – wiederaufgebaut und am 1. Mai 2005 ihrer Bestimmung übergeben.

Heinrich-Heine-Platz • Straßenbahn: Haltestelle Planckstraße (Linien 2, 8)

🔟 KAVALIER I, SCHARNHORST   S. 66

Das Kavalier Scharnhorst liegt neben der Sternbrücke an der Elbe. Ursprünglich schützte es die Südfront der Festung und die Eisenbahntore des Elbbahnhofs. Zwischen 1870 und 1873 als geschlossenes Kavalier zur Rundumverteidigung errichtet, wurde es bis 1880 zu einem offenen Kavalier umgebaut. 1875 erhielt es die Zusatzbezeichnung „Scharnhorst", da das nach dem preußischen General benannte Fort im Süden der Festung abgerissen worden war. Zwischen 1873 und 1912 dienten die zweigeschossigen Kasematten als Kaserne. Im Ersten Weltkrieg befanden sich darin ein Kriegsgefangenenlager,

danach Wohnungen und Produktionsstätten. Nach dem Zweiten Weltkrieg, in dem die Anlage auch als Luftschutzbunker diente, nahmen die Räume der Kasematten Werkstätten auf.

Hammersteinweg

1️⃣1️⃣ HUBBRÜCKE   S. 66

Gleich hinter dem Kavalier Scharnhorst überspannt die Eisenbahnhubbrücke die Elbe. Bereits 1846 war an dieser Stelle die erste Elbquerung für die Magdeburg-Potsdamer Eisenbahn gebaut worden. Diese Brücke ruhte auf sieben Pfeilern und behinderte dadurch die Schifffahrt. 1890 wurde deshalb oberhalb der Fahrrinne ein Drehbrückenteil eingebaut, das 1912 durch eine Hubbrücke ersetzt wurde. Im Zusammenhang mit der Anbindung Magdeburgs an den Mittellandkanal und einer erwarteten Zunahme der Elbschifffahrt wurde die Brücke zur jetzigen Konstruktion mit vier Pfeilern umgebaut. Sie besaß nun ein Hubteil mit 90 Metern Spannweite und war die größte Hubbrücke Europas. Insgesamt ist die Brücke 215 Meter lang. Heute ist sie in geöffneter Position stillgelegt. Nachts ist eine Lichtinstallation von Maurizio Nannucci zu bewundern.

1️⃣2️⃣ HASSELBACH-PLATZ   S. 66

Wer von der Hubbrücke durch die Liebigstraße geht, kommt auf direktem Weg zum Hasselbachplatz, der an Oberbürgermeister

Die Eisenbahnhubbrücke über die Elbe war einst größte Hubbrücke Europas. Bei Nacht wird eine 2013 wieder eingeweihte Lichtinstallation zum Blickfang.

Carl Gustav Friedrich Hasselbach (1809–1882) erinnert. Platz und angrenzendes Viertel entstanden während der südlichen Stadterweiterung. Voraussetzung war die Aufgabe eines Teils der Magdeburger Festungsanlagen. So konnte die Stadt 1868 große Teile der südlichen Stadtbefestigung vom preußischen Staat erwerben. Sie teilte das Gelände in Parzellen auf und verkaufte diese an den Meistbietenden. Zwischen 1874 und 1886 wurden die Quartiere dann zumeist von Maurer- und Zimmermeistern bebaut. Die Bauordnungen setzten kaum Grenzen und gaben lediglich geschlossene Bebauung und Einhaltung der Fluchtlinien vor. Am Hasselbachplatz treffen fünf Straßen aufeinander. Die Platzgestaltung wurde 1890 mit der Aufstellung des Hasselbachbrunnens abgeschlossen, der aber 1927 an seinen jetzigen Standort am Haydnplatz umgesetzt wurde. Platz und angrenzende Straßen der südlichen Stadterweiterung sind ursprünglich sämtlich im Stil der Gründerzeit bebaut worden. Die Fassadengestaltung ist zumeist reich ausgeschmückt. Auch die Innenraumgestaltung ist prachtvoll mit Stuckdecken in den Wohnungen und Wand- und Deckenmalereien in den Hauseingängen. Viele dieser Details sind leider nicht mehr erhalten. Das dominierende Haus am Hasselbachplatz ist das Eckhaus Breiter Weg/Otto-von-Guericke-Straße. Wegen seiner spitz zulaufenden Form wird es im Volksmund als „Plättbolzen" bezeichnet.

Straßenbahn: Haltestelle Hasselbachplatz (Linien 2, 3, 5, 8, 9, 10)

WESTLICHE ALTSTADT

In der westlichen Altstadt befindet sich seit den 1870er Jahren der Hauptbahnhof. Auf dem Bahnhofsvorplatz steht eine Skulptur, an der man die Drehung der Erde um ihre Achse nachverfolgen kann. Hauptverkehrsader ist die Otto-von-Guericke-Straße in unmittelbarer Nähe. An ihr liegen das Schauspielhaus und das Kulturhistorische Museum mit dem Original des Magdeburger Reiters, des ersten frei stehenden Reiterstandbilds nördlich der Alpen (13. Jh.). Spektakuläre Sonderausstellungen haben den Ruf des Museums in den letzten Jahren befördert. Einen Besuch wert ist zudem die gotische St.-Sebastian-Kirche mit ihren zwei Schnitzaltären.

SEHENSWERTES

Immermannbrunnen Gewidmet dem Magdeburger Carl Leberecht Immermann, der im frühen 19. Jh. als Autor tätig war.   S. 81 **3**

St.-Sebastian-Kirche Sehenswerter Geheimtipp unter den Magdeburger Kirchen mit bewegter Geschichte seit 1051.   S. 82 **6**

Erdachse Angewandte Astronomie auf dem Bahnhofsvorplatz.   S. 84 **9**

Der Immermannbrunnen vor dem Kulturhistorischen Museum

Siehe große Karte   S. 78

GASTRONOMIE

DaCapo im Maritim Im ersten Haus am Platze mit Blick auf das belebte Zentrum edel speisen.   S. 117 **3**

Wenzel Prager Bierstuben Original tschechische Speisen und natürlich Bier gibt es in diesem urigen Restaurant.   S. 119 **16**

EINKAUFEN

Goldschmiede Wolfgang Krietsch Dem Goldschmied bei der Arbeit zuschauen, das ist hier ausdrücklich erwünscht.   S. 126 **17**

La Boutique Pfofe Sportliches bis Elegantes für Damen kann man hier finden.   S. 127 **29**

ÜBERNACHTUNG

Pension „Alte Wache" In einem Gründerzeithaus gelegene Pension mit ruhigen Zimmern. S. 130 **20**

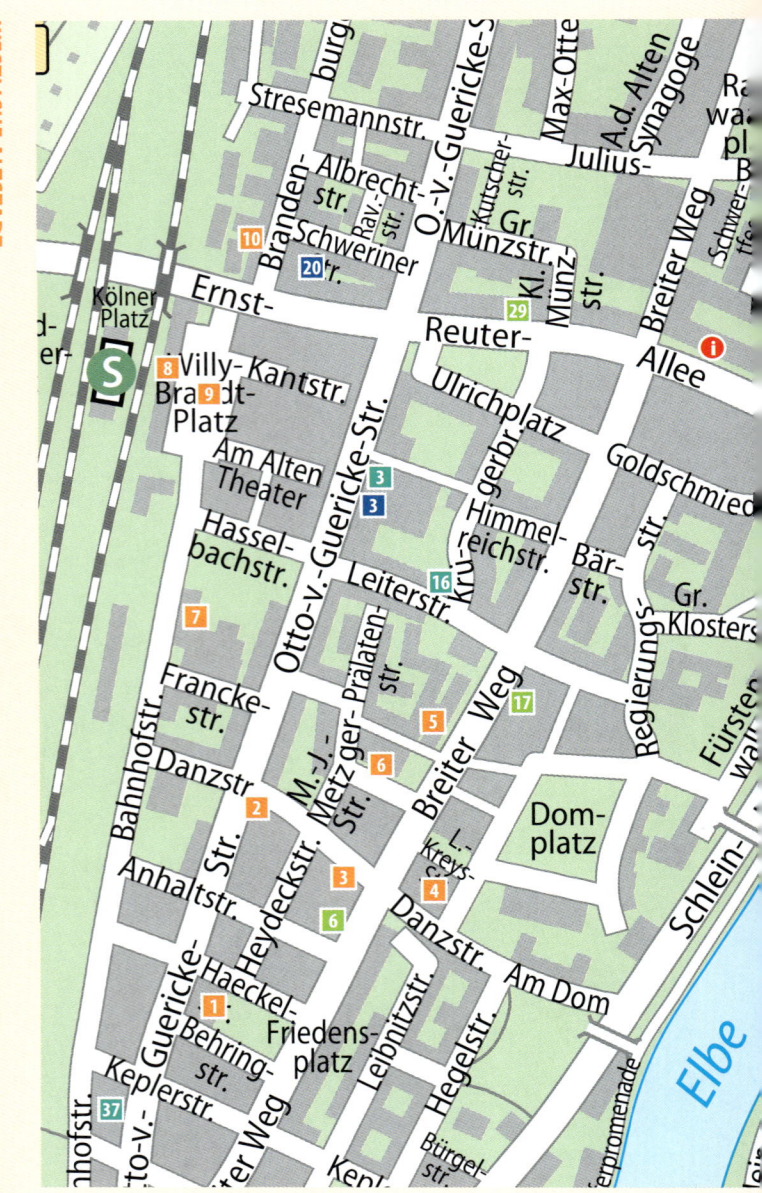

1 SCHAUSPIELHAUS S. 78

Wer vom Hasselbachplatz aus die Otto-von-Guericke-Straße entlanggeht, erreicht nach kurzer Zeit das Schauspielhaus. Es wurde in den 70er oder 80er Jahren des 19. Jahrhunderts als Klusemannsche Villa erbaut. Das Bauwerk im neoklassizistischen Stil knüpft an griechische und römische Bautraditionen an. 1906 kaufte die Magdeburger Harmoniegesellschaft die Villa, um dort Klubabende, Konzerte und Tanzveranstaltungen zu geben. Dazu wurden Garderoben, ein Foyer und ein Saal für Veranstaltungen angebaut. Den Zweiten Weltkrieg überstand das Gebäude ohne größere Schäden. Daher wurde die Villa schon 1945 als provisorische Theaterspielstätte eingerichtet. Nach Umbauten diente das Haus ab 1960 dem Theater als Kammerspiele. 2003 wurde das Haus zum Schauspielhaus umgestaltet. Dabei wurden alte Kassettendecken gefunden, die in die Gestaltung einbezogen wurden. Der Zuschauersaal fasst nun 200 Personen, die dank des verbreiterten Bühnenportals und der jetzt ansteigenden Sitzreihen eine bessere Sicht genießen. Außerdem erhielt das Haus eine völlig neue Probebühne im Neubauteil, ebenso eine neue, komplett verglaste Kantine. An das Theater grenzt ein Restaurant, das nach dem Magdeburger Stummfilmstar Henny Porten benannt wurde.

Otto-von-Guericke-Straße 64 · Tel.: 0391 5406300/5406555/5406307 · www.theater-magdeburg.de · Theaterkasse Mo.–Fr. 16–19.30 Uhr jeweils eine Stunde vor Veranstaltungsbeginn · Straßenbahn: Haltestelle Haeckelstraße/Museum (Linien 3, 8) · 🚻 👤 ♿

2 KULTURHISTORISCHES MUSEUM S. 78

Im Jahr 1897 schrieb der Magistrat der Stadt einen Architekturwettbewerb für ein Kunst- und Gewerbemuseum aus, um den umfangreichen Magdeburger Kunstsammlungen einen gemeinsamen Ausstellungsort zu geben. Den Wettbewerb gewannen zwei Straßburger Architekten. Ihre Konzeption erwies sich als Plagiat eines Entwurfs, den Friedrich Ohmann für ein Museum in Reichenberg (heute Liberec) geschaffen hatte. Da der Entwurf jedoch den Vorstellungen der Stadt entsprach, verpflichteten die Stadtväter Ohmann und seinen Partner Kirstein. Sie errichteten einen Gebäudekomplex mit drei Innenhöfen und einem Turm über dem Haupteingang. Dieser wurde allerdings im Krieg zerstört. Eine Forderung an die Architekten war es, die Räume den Ausstellungsstücken anzupassen. Deshalb erhielt der Museumsbau beispielsweise einen Kreuzgang, eine Tonsur und eine Krypta für die mittelalterlichen Stücke. Beachtenswert ist der mit Wandgemälden von Prof. Artur Kampf ausgestaltete Kaiser-Otto-Saal. Das Gebäude selbst schmückt sich mit Renaissance und Gotik. Über den drei Etagen erheben sich stei-

le Satteldächer und mehrere Giebel. 1906 wurde das Gebäude als Kaiser-Friedrich-Museum eröffnet. Bereits 1912 wurde ein Erweiterungsbau an der Heydeckstraße eingeweiht. Im Zweiten Weltkrieg wurde das Gebäude stark beschädigt und erst 1961 als Kulturhistorisches Museum wiedereröffnet. In jüngster Zeit war das Museum zweimal Schauplatz bedeutsamer Europaratsausstellungen. In den Jahren 2010/11 wurde das Museum um einen Neubau erweitert, so dass die Ausstellungsfläche vergrößert werden konnte.
Otto-von-Guericke-Straße 68–73 • Tel.: 0391 5403501 • www.khm-magdeburg.de • Di.–So. 10–17 Uhr • Straßenbahn: Haltestelle Haeckelstraße/ Museum (Linien 3, 8) •

3 IMMERMANN-BRUNNEN S. 78

Wer vom Kulturhistorischen Museum durch die Danzstraße zum Breiten Weg geht, trifft auf einen Brunnen, mit dem an einen bedeutenden Sohn der Stadt erinnert wird, an den Dichter und Dramatiker Carl Leberecht Immermann. Der Brunnen wurde vom Braunschweiger Professor Carl Echtermeyer in Sandstein und Granit ausgeführt. Der Wasserspeier besteht aus Bronze. Vier Bronzereliefs zeigen Szenen aus Immermanns Werk „Der Oberhof". Das Denkmal wurde 1899 am damaligen Stadttheater enthüllt. Nach verschiedenen anderen Standorten wurde der Brunnen 1996 an seinem jetzigen Standort neu aufgestellt.
Danzstraße

4 EHEMALIGE REICHSBANK S. 78

Gegenüber der Einmündung der Danzstraße in den Breiten Weg ist auf der gegenüberliegenden Straßenseite ein schmuckloses Gebäude zu sehen. Es wurde zwischen 1920 und 1923 von der Reichsbank als Filialgebäude in Magdeburg gebaut. Beim Entwurf berücksichtigte man die Höhen der umgebenden Gebäude. Auch die Farbgestaltung der Fassade mit ihren zwei dorischen Säulen im Portalbereich passte sich an die Umgebung an – Einheitsgrau war seinerzeit üblich. Im Inneren allerdings wurde im Geiste des bunten Magdeburg der Farbpinsel geschwungen: Die Vorhalle wurde gelb, die Pfeiler des Kassenraums abwechselnd in Grün und Blau gestrichen. Auf der Konsole über dem Hauptportal befand sich ursprünglich ein Reichsadler. Um den Tresorraum der Bank ranken sich viele Geschichten. So heißt es beispielsweise, es würden dorthin ebenso viele Stufen hinabführen wie auf die Domtürme hinauf. Außerdem könne man den Raum im Notfall mit Elbewasser fluten. In jedem Fall galt er als einer der sichersten Tresorräume seiner Zeit. Bis zum Umzug der Bundesbankfiliale in den Neubau schräg gegenüber wurde das Gebäude als Bank genutzt. Zwischen 2003 und

2006 diente es als Ausweichspielstätte der Freien Kammerspiele. Im Gespräch ist eine Nutzung als Museum.

Lothar-Kreyssig-Straße • Straßenbahn: Haltestelle Domplatz (Linien 2, 5, 9, 10)

5 JUSTIZZENTRUM   S. 78

Zwischen 1895 und 1899 errichtete die Deutsche Reichspost ein repräsentatives Verwaltungsgebäude am Breiten Weg. Die Westfassade des Gebäudes wurde im Renaissancestil gehalten. Dabei wurden Giebel und Erker eines abgerissenen Bürgerhauses in die Fassade integriert. An der Vorderfront zum Breiten Weg gestaltete man die Fassade im Stil niederländischer Spätgotik. Die drei Giebel der Ostfassade schließen etwa auf Höhe des Dachfirstes ab, wobei der mittlere Giebel – über dem Hauptportal gelegen – die Nebengiebel etwas überragt. Ihn zieren überdies noch zwei Adlerfiguren. Unter der Uhr befand sich ursprünglich eine Darstellung des Reichsadlers, die wohl nach dem Zweiten Weltkrieg entfernt wurde. Figuren des Magdeburger Kaiserpaares Otto und Editha zieren die Fassade über dem Hauptportal. Seit 2007 dient das Gebäude als Justizzentrum. Hier befinden sich Amtsgericht, Arbeitsgericht, Sozialgericht und Verwaltungsgericht Magdeburg sowie das Oberverwaltungsgericht für Sachsen-Anhalt und die Staatsanwaltschaft Magdeburg.

Breiter Weg 203–206 • Tel.: 0391 606601921 • Kasse: Mo.–Fr. 9–12 Uhr, Di. 9–12/14–17 Uhr, Bibliothek: Mo.–Do. 8.30–15 Uhr, Fr. 8.30–13 Uhr • Straßenbahn: Haltestelle Domplatz (Linien 2, 5, 9, 10)

6 ST.-SEBASTIAN-KIRCHE   S. 78

1994 wurde das bisherige Bischöfliche Amt Magdeburg zum eigenständigen Bistum erhoben. Dieser Tatsache verdankt es die Stadt, dass sie neben dem Dom eine zweite Kathedrale besitzt: die katholische Propsteikirche St. Sebastian. Sie ist eine gotische Hallenkirche, deren älteste Bestandteile, wie die Westfassade und die Mauern des Querschiffs, jedoch roma-

Die Bronzetür am Westportal der Sebastianskirche gestaltete Jürgen Suberg

nischen Ursprungs sind. Sie stammen vom Vorgängerbau, für den Erzbischof Gero 1015 den Grundstein gelegt hatte. Die 1169 vollendete Stiftskirche brannte 1188 und 1207 völlig aus. Im 14. Jahrhundert begann der Umbau der romanischen Basilika zu einer gotischen Hallenkirche. Die Arbeiten zogen sich bis 1489 hin. Im Dreißigjährigen Krieg wurde die Kirche erneut schwer beschädigt. Alle hölzernen Bauteile verbrannten und einige Gewölbe stürzten ein. Bei der Wiederherstellung erhielt St. Sebastian ihre barocken Turmhauben. Ab 1692 konnten wieder Gottesdienste abgehalten werden. 1810 wurde das Stift, seit 1573 evangelisch, aufgehoben und kam 1823 an die Stadt, die es zwischenzeitlich als Magazin nutzte. Ab 1873 diente St. Sebastian als Pfarrkirche der römisch-katholischen Gemeinde. Nach neuerlichen Zerstörungen im Zweiten Weltkrieg war St. Sebastian 1946 als erste der Magdeburger Kirchen wieder nutzbar, so dass sowohl die katholische als auch die evangelische Dom- und Ulrichsgemeinde hier Gottesdienste feierten. Zwischen 1953 bis 1959 und 1982 bis 1991 fanden umfangreiche Restaurierungsarbeiten statt. Zwei Schnitzaltäre stammen aus dem späten 15. Jahrhundert. Jünger sind Reliefs der Gebrüder Winkelmann am Chorgestühl. Sie zeigen Ereignisse aus der Magdeburger Kirchengeschichte. Jürgen Suberg gestaltete die Bronzetür am Westportal mit Motiven aus dem Alten und dem Neuen Testament. Von Alois Plum stammen die farbigen Glasfenster im Chor und im Altarraum.

Max-Josef-Metzger-Straße 1 a • Tel.: 0391 5961300 • www.kathedralpfarrei-sebastian.de • Mo.–So. 10–17 Uhr • Kirchenführung nach telefonischer Voranmeldung • Straßenbahn: Haltestelle Verkehrsbetriebe (Linien 3, 8)

7 FABER-HOCHHAUS S. 78

Beim Weg zum Hauptbahnhof erblickt der Besucher linker Hand ein Hochhaus. Es ist das erste in der damaligen preußischen Provinz Sachsen errichtete. Paul Schaeffer-Heyrothsberge baute es 1930 bis 1932 für den Faber-Verlag. In Anbetracht des nicht sehr tragfähigen Untergrunds entwarf der Architekt eine sehr leichte Konstruktion aus Stahlskelett und Leichtbausteinen. Als Außenverkleidung sah er Travertin, einen Kalkstein, vor. Dieser wurde aber nur an der Bahnhofsstraße im Erdgeschoss vorgeblendet. Besonderes Highlight ist das außen liegende, transparente Treppenhaus mit gewölbter Verglasung. Im Dachaufbau befand sich ursprünglich die Wetterwarte der Magdeburgischen Zeitung, die erste deutsche Zeitungswetterwarte. 1924 entstand ein Anbau für die Druckerei, 1954 ein Redaktionsgebäude. Seit August 1947 wird das Haus durch die Magdeburger Tageszeitung Volksstimme genutzt.

Bahnhofstraße 17 • Straßenbahn: Haltestelle Hauptbahnhof (Linien 3, 8)

8 HAUPTBAHNHOF S. 78

Das Empfangsgebäude des Magdeburger Hauptbahnhofs entstand zwischen 1872 und 1876. Der erste Magdeburger Eisenbahnanschluss verlief entlang der Elbe, da sich in der stark befestigten Stadt kein anderer Standort fand. Später erwarb ein Konsortium aus drei Eisenbahngesellschaften Teile der Festungswerke vom preußischen Staat und verlegte die Gleise dorthin. Im Zuge dessen wurde auch der Central-Bahnhof errichtet, von dem nur noch das östliche Empfangsgebäude erhalten ist. Sein Gegenpart am Kölner Platz wurde genauso wie die Bahnsteighallen im Zweiten Weltkrieg zerstört. Der zweigeschossige Sandsteinbau erinnert an die italienische Hochrenaissance und ihre toskanische Palazzoarchitektur. Die oberhalb des Portals angebrachten Wappen der Städte Magdeburg und Leipzig erinnern zusammen mit den Buchstaben „ML" an die Magdeburg-Leipziger Eisenbahngesellschaft.

Willy-Brandt-Platz • Straßenbahn: Haltestelle Hauptbahnhof (Linien 3, 8), City-Carré/Hauptbahnhof (Linien 1, 4, 6)

52 ERDACHSE S. 78

Auf dem Bahnhofsvorplatz befindet sich ein Kunstwerk des Berliner Künstlers Timm Ulrichs. Es handelt sich dabei um eine 12,714 Meter lange Säule aus poliertem schwarzem Granit, die parallel zur Erdachse ausgerichtet ist. Die Länge entspricht dem Polardurchmesser

der Erde im Maßstab 1 : 1.000.000. Die Säule endet in einem nachts ausgeleuchteten, mit Panzerglas abgedeckten Schacht. Innerhalb eines Tages rotiert die Skulptur um ihre eigene Achse und fungiert so als Uhr.

53 EHEMALIGE KUNSTGEWERBE- UND HANDWERKER-SCHULE S. 78

In der Brandenburger Straße befindet sich das Gebäude der 1793 gegründeten Kunstgewerbe- und Handwerkerschule. Erhalten ist der 1874 errichtete älteste Bauteil sowie ein bis 1910 im neoklassizistischen Stil gebauter Erweiterungsbau. Der ältere, zweistöckige Bau ist im antikisierenden Stil gehalten und wird wesentlich durch das Portal mit Treppe geprägt. Die Fassade der beiden Bauten enthält vier Büsten: Schinkel und Vischer am Ursprungs-, Dürer und von Steinbach am Erweiterungsbau. Die Kunstgewerbeschule hatte großen Einfluss auf das Bauen in Magdeburg, da viele der Lehrenden auch ihre Spuren in der Architektur der Stadt hinterließen. Als Beispiel sei Albinmüller genannt, der hier von 1900 bis 1906 unterrichtete. 1963 wurde die Schule auf Weisung der Regierung der DDR geschlossen. Seit 2005 wird sie vom Forum Gestaltung für Veranstaltungen genutzt.

▶ Die Erdachse rotiert innerhalb eines Tages einmal um sich selbst

NÖRDLICHE ALTSTADT

Im Norden der Altstadt bündeln sich Kultur und Wissenschaft. Hier liegen das Opernhaus und das Telemann-Konservatorium, die Universitätsbibliothek und das Otto-von-Guericke-Museum in der Lukasklause. Architektonisch beachtenswert sind der nördliche Teil des Breiten Weges als Wohn-/Ladenstraße, das expressionistische AOK-Gebäude und das Hochhaus in der Jakobstraße.
Am besten entspannen sich Einheimische und Touristen am Elbufer. Aus einem im Zweiten Weltkrieg zerstörten Viertel wurden Grünanlagen, die mit Bänken und herrlichen Blicken auf Elbe und Elbinsel locken. Von hier aus ist es auch nicht weit zum Rotehornpark und der anderen Elbseite.

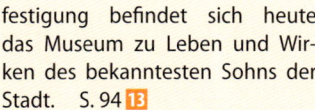

SEHENSWERTES

Magdeburger Halbkugelversuch Der legendäre Versuch Otto von Guerickes zur Demonstration des Luftdrucks ist hier als Plastik überlebensgroß dargestellt. S. 90 **2**

Nordpark Ein ehemaliger Friedhof, der heute ein Park ist. Einige Grabmale sind erhalten geblieben. Insbesondere im Sommer ein beliebter Treffpunkt. S. 92 **9**

Lukasklause mit Otto-von-Guericke-Museum In einem ehemaligen Wehrturm der Stadtbe-

Siehe große Karte   S. 88

festigung befindet sich heute das Museum zu Leben und Wirken des bekanntesten Sohns der Stadt. S. 94 **13**

GASTRONOMIE

Café Rossini Direkt im Opernhaus gelegenes Café. Zahlreiche Veranstaltungen wie Tanznächte laden zu mehr als nur Kaffee ein. S. 120 **21**

Moonlight Beliebte Studentenkneipe mit witziger Theke und leckeren Cocktails. S. 122 **43**

ÜBERNACHTUNG

Hotel Ratswaage Sehr zentral gelegenes Hotel, nur fünf Minuten vom alten Rathaus entfernt. S. 128 **2**

Die bunte Hülle der Experimentellen Fabrik zieht viele Blicke auf sich

Rathenau-Str.

Universitäts-platz

Walter-

Rathe

Zschokkestr.

Am Kröken-

Listemannstr.

str.

15

6 21

5

4

Breiter Weg

7

11

Hohen-

Gustav-Adolf-Str.

Erzberger-

Große Steinerne-tischstr.

Weitling-str.

Tränsbe

Str.

Max-Otten-

A.d. Alten

Breiter Weg

Synagoge

tor

Blaue

Margarethen-str.

Peter-

beil-str.

Jakobstr.

Mühlen-Fa be

1

ling-

Weit-

str.

Wall berg

Altes Fis

Neustädter Str.

Ratswaage-

Julius-

3

2 2

16

15

Bremer-

Str.

Schwer-tfeger-gässe

Bei der Haupt-wache

Jakobstr.

Kl. Münz-str.

str.

Breiter Weg

Alter Markt

Hartstr.

Jakobstr.

Joh.-kirchhof

Stephansbrücke

Knochenhauerufer

Schleinufer

Allee

M. Luther-Pl.

Johannis-bergstr.

Goldschmiedebrücke

Neue Strombrücke

Kl. Werder

Zc

Bär-str.

rungs-str.

Gr. Klosterstr.

Mater-likstr.

Jrferpromenade

tadtmarsch

Zitadelle

SEHENSWERTES

GASTRONOMIE

ÜBERNACHTUNG

KULTUR UND FREIZEIT

❶ NORDABSCHNITT DES BREITEN WEGES **S. 88**

Der nördliche Abschnitt des Breiten Weges wurde zwischen 1962 und 1970 geplant und erbaut. Vorbilder der Planung mit achtgeschossigen Wohnhäusern und ihren vorgesetzten Läden waren die Lijnbaan in Rotterdam und die Treppenstraße in Kassel, die aus ähnlichen Situationen entstanden. Um den breiten Raum aufzulockern, wurden Hochbeete und Brunnen angelegt sowie Kleinplastiken aufgestellt. Als höchstes Gebäude wurde das Haus der Lehrer errichtet (heute Katharinenturm), für das man 1966 die Türme der Katharinenkirche abtrug. Die Ruine des Kirchenschiffs war bereits beseitigt worden. An St. Katharinen erinnert ein kleines Modell aus Bronze.

Breiter Weg 31 • Straßenbahn: Haltestelle Breiter Weg (Linien 1, 2, 5, 8, 9, 10)

❷ MAGDEBURGER HALBKUGEL- VERSUCH **S. 88**

Der berühmte Magdeburger Halbkugelversuch Otto von Guerickes ist Thema des Kunstwerks auf dem Ratswaageplatz. Guericke hat ihn auf dem Reichstag zu Regensburg 1654 mithilfe von 30 Pferden vorgeführt. In Magdeburg wird der Versuch bei festlichen Anlässen nachgestellt. Die Plastik stammt von Thomas Virnich und zeigt in Bronze zwei sich aufbäumende Pferde, die zwei Halbkugeln voneinander zu trennen versuchen. Die Figuren und Gegenstände sind nur zur Hälfte ausmodelliert. Auf der Rückseite sind die Stahlverstrebungen zu sehen, die dem Werk Halt geben. Diese Besonderheit des Kunstwerks entfachte eine Kunstdebatte, die auch nach Aufstellung der Plastik anhielt.

Straßenbahn: Haltestelle Breiter Weg oder Alter Markt (Linien 1, 2, 5, 8, 9, 10)

❸ DENKMAL DER ALTEN SYNAGOGE **S. 88**

Dem Halbkugelversuch gegenüber steht ein Denkmal, das an die Magdeburger Synagoge erinnert. Aufgestellt wurde es am 9. November 1988, dem 50. Jahrestag des Novemberpogroms. Dabei wurde auch die Synagoge einer der größten und ältesten jüdischen Gemeinden Mitteldeutschlands gebrandschatzt. 1940 wurden die Reste des Baus beseitigt. Insgesamt fielen 1.521 Magdeburger jüdischen Glaubens dem Holocaust zum Opfer, darunter 287 Kinder. Daran erinnert eine Inschrift auf einer der beiden symbolischen Gebetstafeln, die ein großes einstürzendes Tor stützen – die Inschrift auf der anderen Tafel erinnert an das 1851 eingeweihte Gebetshaus der Synagogengemeinde. Das Mahnmal wurde vom Magdeburger Metallgestalter Josef Bzdok aus nicht rostendem Stahl geschaffen, der durch eine Wärmebehandlung ein rötlich-verbranntes Aussehen erhielt.

Das Konservatorium „Georg Philipp Telemann" mit seiner runden Ecke

4 KONSERVATORIUM „GEORG PHILIPP TELEMANN" S. 88

Das Nordwestende des Breiten Weges bildet eine Kulturinsel, deren südlicher Endpunkt der Neubau des Konservatoriums „Georg Philipp Telemann" ist. Für das im Jahr 2000 errichtete Gebäude wurde das noch aus der Vorkriegszeit erhaltene Eckhaus abgerissen, der Neubau nimmt mit seiner runden Fassade ein Element des Vorgängers auf.

Breiter Weg 110 • Tel.: 0391 5406861 • www.telemann-konservatorium.de • Mo./Fr. 9–12 Uhr, Di./Do. 9–12/13–15.30 Uhr • Straßenbahn: Haltestelle Opernhaus (Linien 1, 2, 5, 8, 9, 10)

5 STADTBIBLIOTHEK S. 88

Neben dem Konservatorium steht das Haus Breiter Weg 109, das 1929 nach Plänen des Schweizer Architekten Sepp Kaiser für das Modeunternehmen C & A errichtet wurde. Nach einem Umbau bezog 1999 die Stadtbibliothek Magdeburg das Gebäude. Ein gläsernes Fassadenelement weist auf die neue Rolle hin. Es zeigt eine stilisierte Buchseite samt Eselsohr. Auf der Buchseite finden sich die Worte „Stadtbibliothek Magdeburg" in verschieden Schrifttypen. Ein Symbol für die lange Geschichte der Einrichtung: Die Magdeburger Stadtbibliothek gibt es bereits seit 1525. Damals wurde als Folge der Reformation der Buchbestand des Augustinerklosters städtisches Eigentum und bildete 1552 den Grundstock der Ratsbibliothek. So ist die Bibliothek die älteste städtische Einrichtung dieser Art in Deutschland.

Breiter Weg 109 • Tel.: 0391 5404880 • www.stadtbibliothek.magdeburg.de

• Mo.–Fr. 10–19 Uhr, Sa. 10–13 Uhr • Straßenbahn: Haltestelle Opernhaus (Linien 1, 2, 5, 8, 9, 10)

6 OPERNHAUS   S. 88

Den nördlichen Abschluss der Kulturinsel bildet das Opernhaus. Es wurde im August 1907 nach anderthalbjähriger Bauzeit als Zentraltheater eröffnet. Zunächst prägten Operetten im Winter und Varieté im Sommer das Programm. Otto Reutter, Lotte Werkmeister oder Paul Westermeier gaben Vorstellungen. Am 16. Januar 1945 wurde auch das Haus zerstört. 1950 wurde es als erster Theaterneubau in Ostdeutschland nach dem Krieg wiedereröffnet. 1990 brach im Theater ein Feuer aus, das so erheblichen Schaden anrichtete, dass das Haus erneut geschlossen wurde. 1997 wurden die Rekonstruktions- und Neubauarbeiten beendet und der Spielbetrieb wieder aufgenommen. Seitdem dient der Bau als Opernhaus.

Universitätsplatz 9 • Tel.: 0391 5406555 (Kasse), 5406307 (Info) • www.theater-magdeburg.de • Theaterkasse: Mo.–Sa. 10–19.30 Uhr, sowie jeweils eine Stunde vor Vorstellungsbeginn • Straßenbahn: Haltestelle Opernhaus (Linien 1, 2, 5, 8, 9, 10) • 🚹 🚻

7 FERNMELDEAMT   S. 88

Beim 1926/27 erbauten Gebäude des Fernmeldeamtes handelt es sich um ein in Magdeburg seltenes Beispiel expressionistischer Architektur. Das Gebäude ist klar in drei Teile gegliedert: einen Ost- und Westflügel sowie einen Mittelteil,

der um ein Geschoss höher ausgeführt wurde. Der Mittelteil umfasst auch den sechsachsigen Eingangsbereich. Hier befinden sich vier von dem Bildhauer Fritz Maenicke geschaffene Allegorien des Postwesens – für Telefon, Telegrafie, Briefpost und Luftpost.

Listemannstraße 6 • Straßenbahn: Haltestelle Listemannstraße (Linie 2, 5), Opernhaus (Linien 1, 2, 5, 8, 9, 10)

8 AOK-GEBÄUDE   S. 88

Ein weiterer expressionistischer Bau steht in der Lüneburger Straße. Er wurde 1926/27 nach einem Entwurf von Carl Krayl als moderner Dienstleistungs- und Verwaltungskomplex für die AOK Magdeburg errichtet. Besonders auffällig ist die Fassade an der Lüneburger Straße. Sie unterscheidet sich durch ihre Gestaltung als symmetrische, braunblaue Klinkerfront stark von den hell verputzten Fassaden der rückwärtigen Gebäude. Durch die verkleideten Stahlbetonpfeiler scheint das Haus nach oben zu streben: Ein Effekt, der noch dadurch verstärkt wird, dass die beiden oberen Geschosse ein wenig zurückgesetzt sind. Innen ist das Gebäude durch ein großzügiges Treppenhaus geprägt.

Lüneburger Straße 4 • Mo./Di./Do. 8–18 Uhr, Mi./Fr. 8–13 Uhr • Straßenbahn: Haltestelle AOK (Linien 1, 8, 9, 10)

9 NORDPARK   S. 88

Der Nordpark ist aus einem 1827 außerhalb der Stadt eröffneten Friedhof hervorgegangen, der nach der napoleonischen Besatzung eingerichtet worden war. Von der Jahrhundertwende an wurde der Friedhof schrittweise in einen Park umgewandelt. Fast alle Gräber wurden eingeebnet, die Grabkapelle und Nebenanlagen abgerissen. Im Zweiten Weltkrieg wurde der Bestand des Parks durch Brandbomben schwer geschädigt. Einige Grabmale sind bis heute erhalten, ebenso wie das Denkmal des Bürgermeisters August Wilhelm Francke. Eine weitere Sehenswürdigkeit ist die Plastik des französischen Kriegsministers Lazare Carnot, der bis zu seinem Tode im Jahre 1823 in Magdeburg lebte. Besonders schön ist der Park im Frühjahr: Dann färbt der blühende Blaustern die Wiesen.

Hohepfortestraße • Tel.: 0391 19433 • www.magdeburg-tourist.de • Park frei zugänglich, ganzjährig geöffnet • Straßenbahn: Haltestelle Peter-Paul-Straße (Linie 2)

🔟 UNIVERSITÄTS-BIBLIOTHEK S. 88

Der Neubau der Universitätsbibliothek wurde im Jahr 2003 eröffnet. Sie vereint die Buchbestände der früheren drei Hochschulen, aus denen 1993 die Otto-von-Guericke-Universität hervorging, an einem zentralen Ort. Die Bibliothek verfügt über einen Bestand von etwa 1.200.000 Bänden, die den rund 23.000 Benutzern zur Verfügung stehen. Der Architekt konstruierte ein Gebäude, das an ein gefaltetes Band erinnert, und ver-

mied so den Eindruck eines klobigen Baus.

Universitätsplatz 2 • Tel.: 0391 67186 40 • www.ub.ovgu.de • Mo.–Fr. 9–21 Uhr, Sa. 9–15 Uhr • Führungen jeden zweiten Mittwoch nach Vereinbarung • Straßenbahn: Haltestelle Pfälzer Straße (Linie 2), Universität (Linien 1, 8, 9, 10)

🔢 KASERNE MARK S. 88

Die frühere preußische Defensivkaserne Mark wird unter dem Namen „Festung Mark" seit einigen Jahren als Veranstaltungsort genutzt. 1860 errichtet, war sie ursprünglich 165 Meter lang und mit einer Erdabdeckung versehen. Über eine gusseiserne Treppe gelangte man auf das Dach des Gebäudes, das bis 1919 als Kaserne genutzt wurde. Danach wurde die Raumaufteilung verändert, um sie einer zivilen Nutzung anzupassen. Im Zweiten Weltkrieg wurden der Ostflügel sowie der gedeckte östliche Zugang beschädigt und später abgerissen.

Hohepfortewall 1 • Tel.: 0391 6623633 • www.festung-mark.de • Di./Do. 11–16 Uhr, Mi./Fr. 9–14 Uhr • Führungen April–Okt. 14 Uhr jeweils am letzten Sonntag im Monat • Straßenbahn: Haltestelle Listemannstraße (Linien 2, 5), Opernhaus (Linien 1, 8, 9, 10)

🔢 EXPERIMENTELLE FABRIK S. 88

Die Experimentelle Fabrik ist eine Forschungseinrichtung, die von der Otto-von-Guericke-Universität und Firmen gleichermaßen genutzt wird. Der Bau wurde zwischen 1999 und 2001 errichtet und besteht aus drei unterschiedlich hohen Gebäudeteilen. Sie sind in Ost-West-Richtung durch die Dachhaut aus Aluminiumblech verbunden, die durch ihre Farbgebung in Orange, Pink und Silbergrau die Blicke auf sich zieht. Die Farben finden im Gebäudeinneren mit grünen Wänden und in Rot und Pink gestalteten Treppengängen ihre Fortsetzung. 2002 vergab das Royal Institute of British Architects für die Experimentelle Fabrik einen RIBA Award. In der Nähe haben auch Fraunhofer- und Max-Planck-Gesellschaft Institute errichtet.

Askanischer Platz • Tel.: 0391 5448619200 • www.exfa.de • Straßenbahn: Haltestelle Askanischer Platz (Linie 5)

13 LUKASKLAUSE MIT OTTO-VON-GUERICKE-MUSEUM S. 88
TOP-TIPP

An der früheren Nordostecke der mittelalterlichen Stadtbefestigung stand bereits 1279 ein achteckiger gotischer Turm, der heute den Kern der Lukasklause bildet. 1536 wurde er in die Befestigungsanlage „Neues Werk" einbezogen. An dieser Stelle sollen 1631 die Belagerer zuerst in die Stadt eingedrungen sein. Später wurde der Turm Teil der neuen Bastion „Preußen". 1900 kaufte ihn der Künstlerverein St. Lukas und baute ihn bis 1903 um. Er erhielt einen dreistöckigen Anbau mit Treppenturm und Erker. Heute ist dort das Otto-

von-Guericke-Museum beheimatet. Ein moderner Anbau enthält Räume für Ausstellungen und für die Otto-von-Guericke-Gesellschaft. In der Nähe der Lukasklause ist der am besten erhaltene Abschnitt der elbseitigen Stadtmauer zu besichtigen. Auch Reste des Wittenberger Eisenbahntores sind in der Nähe zu sehen. Das Tor war Teil der Festungsanlagen.

Schleinufer 1 • Tel.: 0391 6716987 • www.uni-magdeburg.de/org/ovgg • www.otto-von-guericke.de • Führungen Di.–So. 10–15.30 Uhr • Anmeldungen unter Tel.: 0391 8869833 • Straßenbahn: Haltestelle Askanischer Platz (Linie 5) •

14 ELBUFER-PROMENADE S. 88

Im Zweiten Weltkrieg wurde das dicht bebaute Stadtviertel am Elbufer – hier lebten etwa 25.000 Menschen – nahezu völlig zerstört. Ab 1970 wurde die Restbebauung beseitigt und eine Promenade mit Bäumen, Sitzgelegenheiten und Kunstwerken angelegt. Zu den Kunstwerken gehört „Der Fährmann" des Magdeburger Bildhauers Eberhard Roßdeutscher. Die Elbuferpromenade führt an einigen Sehenswürdigkeiten vorbei: angefangen mit der Lukasklause ganz im Norden über den Blick auf die Rückseiten der Magdeburger Stadtkirchen und die Reste eines Eisenbahntores der Magdeburg-Leipziger Eisenbahn bis zum technischen Denkmal Hubbrücke und der wiederaufgebauten Sternbrücke. Drei Fußgängerbrücken über

Die Lukasklause und ihr moderner Anbau

das Schleinufer verbinden Promenade und Innenstadt.

15 HOCHHAUS JAKOBSTRASSE S. 88

Das höchste Wohngebäude der Stadt wurde 1974 im Gegensatz zu den damals üblichen Plattenbauten nach einem besonderen Verfahren errichtet. Dabei wurden in dem 65 Meter hohen Gebäude durch einen Magdeburger Baubetrieb insgesamt 204 Wohnungen auf 19 Etagen um einen Gleitkern herum gruppiert. Durch seine Höhe veränderte das Gebäude die von Kirchenbauten geprägte historische Stadtsilhouette.
Jakobstraße 7 a/b

16 HAUS DER FREIMAURERLOGE S. 88

Bereits seit 1791 saß die Freimaurerloge „Ferdinand zur Glücksseligkeit" in der heutigen Weitlingstraße. Das ursprüngliche Gebäude wurde mehrfach erweitert. Erhalten blieb der aus den Jahren 1902/03 stammende Zustand. Er zeigt deutliche Formen des Jugendstils, aber auch des Neobarocks. Die Fassade ist mit Symbolen der Freimaurer geschmückt und trägt am Gesims die Namen bedeutender Freimaurer, etwa von Goethe und Lessing. In Richtung Julius-Bremer-Straße befindet sich ein zur Kreuzung ausgerichteter Eckturm und der Sinnspruch der Loge: „Felix nos tenet copula." Hinter den großen Fenstern an der Weitlingstraße befindet sich ein geräumiger Jugendstilsaal.
Weitlingstraße 1 a • Straßenbahn: Haltestelle Breiter Weg (Linien 1, 2, 5, 8, 9, 10), Alter Markt (Linien 1, 2, 5, 8, 9, 10)

WEITERE AUSFLÜGE IN UND UM MAGDEBURG

Auch rechts und links der bisher beschriebenen Stadtteile gibt es noch einiges zu entdecken. Insbesondere bei schönem Wetter erwarten der Elbauenpark, der Herrenkrugpark, der Stadtpark Rotehorn und der Vogelsangpark mit dem Magdeburger Zoo ihre Gäste. Zu Ausflügen lädt auch das nahe Umland ein. Nur wenige Kilometer von Magdeburg entfernt, kann man mit Hundisburg und Leitzkau zwei attraktive Schlossanlagen besichtigen. Während Hundisburg im Stil des Barock errichtet wurde, ist Leitzkau ein Renaissancebau. Auf eine jahrhundertealte Salzgewinnungstradition kann der Kurort Bad Salzelmen, heute Teil von Schönebeck, zurückblicken.

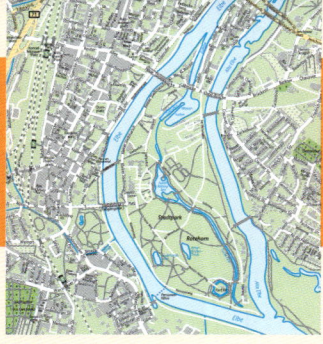

SEHENSWERTES

Elbauenpark Zur Bundesgartenschau 1999 gestaltet, ist der Park mit dem weithin sichtbaren Jahrtausendturm ein Muss für Park- und Gartenfreunde.   S. 100 **1**

Vogelsangpark Der auf das 14. Jh. zurückgehende Park bietet in seinem nördlichen Teil dem Magdeburger Zoo Platz. Hier kann man 180 Tierarten bestaunen.   S. 102 **4**

Schloss Hundisburg Regelmäßige Kulturveranstaltungen bringen Leben ins Schloss. Dazu gehören

Siehe große Karte   S. 98

ein Barockgarten und ein Landschaftspark.   S. 106 **12**

GASTRONOMIE

Restaurant „Die Saison" im Herrenkrug Parkhotel Restaurant mit preisgekrönter Küche, idyllisch im Herrenkrugpark gelegen.   S. 117 **4**

Bortscheller Traditionsreiches Eiscafé nahe des Rotehornparks mit Blick auf die Elbe.   S. 119 **18**

EINKAUFEN

Abtshof-Kutscherhaus Die Adresse für hochprozentige Mitbringsel von Absinth bis Whiskey.   S. 124 **1**

ÜBERNACHTUNG

Historisches Herrenkrug Parkhotel Übernachten in hochwertigen Zimmern mit exzellentem Service und Blick ins Grüne.   S.128 **1**

Pension am Krug Ruhig gelegen. Gute Anbindung an die Autobahn.   S.130 **17**

Das Denkmal der Königin Luise wurde 2009 neu errichtet

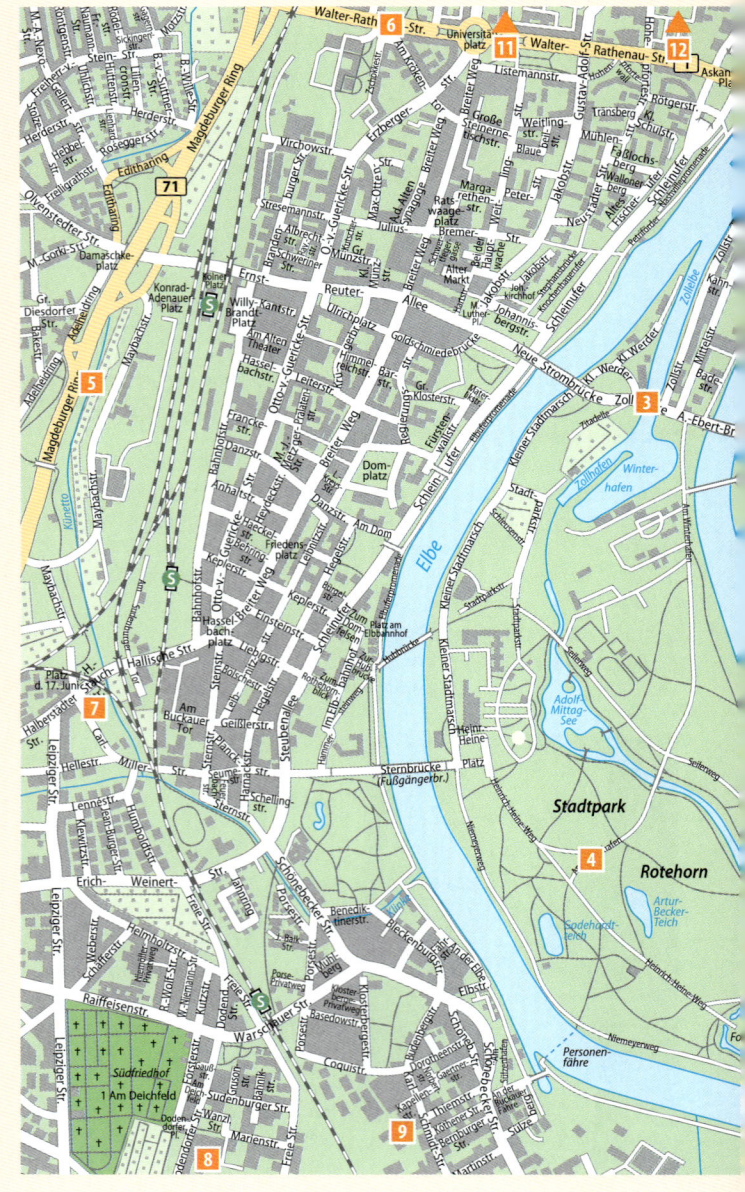

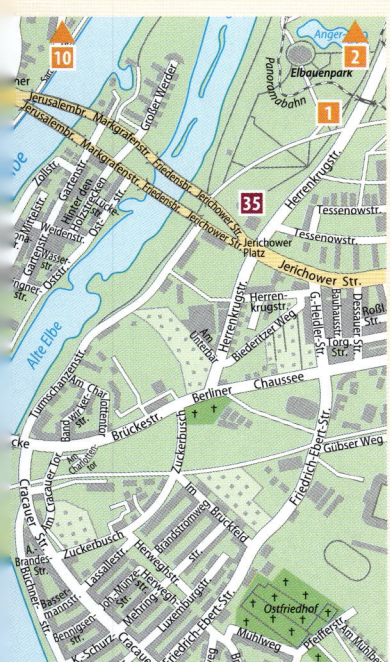

SEHENSWERTES

KULTUR UND FREIZEIT

WEITERE AUSFLÜGE IN UND UM MAGDEBURG

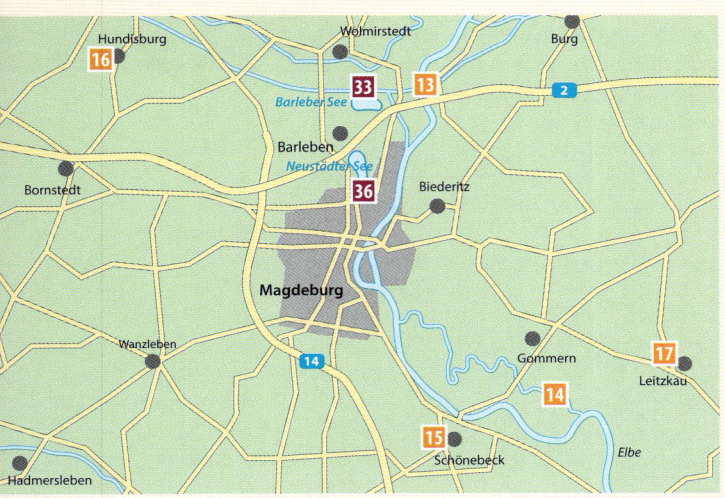

1 ELBAUENPARK S. 98
TOP-TIPP

Zur Bundesgartenschau 1999 wurde ein militärisch genutztes Gelände in eine Parkanlage verwandelt. Neben klassischen Parkflächen entstanden Themengärten wie die „Versunkenen Gärten" oder das „Spiel in den Wällen". Eine renaturierte Mülldeponie prägt die Parklandschaft durch ihre Höhe. Dort wurde eine Sommerrodelbahn eingerichtet.

Weitere Besonderheiten sind eine Panoramabahn, Kletterfelsen und Klettergarten und eine Seebühne für Open-Air-Veranstaltungen. Ein Highlight ist der Jahrtausendturm – mit 60 Metern Höhe das höchste Holzgebäude Deutschlands. Er wurde in der Form eines schiefen Kegels konstruiert und besitzt eine umlaufende Rampe. Auf den sechs Etagen im Inneren befindet sich eine Ausstellung über die wissenschaftlichen Errungenschaften der Menschheit – er wird auch „Der schlauste Turm der Welt" genannt.

Sehenswert ist das Schmetterlingshaus, in dem etwa 200 Schmetterlinge aus 20 Arten zu beobachten sind.

Tessenowstraße 5 a (Haupteingang) • Tel.: 0391 593450 • www.elbauen park.de • Jan.–Feb. 10–16 Uhr, März–April 10–18 Uhr, Mai–Sept. 9–20 Uhr, Okt. 9–18 Uhr, Nov.–Dez. 10–16 Uhr • Führungen nach Voranmeldung unter Tel.: 0391 5934302 • Straßenbahn: Haltestelle Messegelände/Elbauenpark (Linien 5, 6) •

2 HERRENKRUG-PARK S. 98

Anstelle eines seit dem 17. Jahrhundert zur Holzgewinnung genutzten Waldes wurde zwischen 1818 und 1824 ein Park angelegt. Peter Joseph Lenné soll die Blickachsen in Richtung Dom und auf weitere Kirchen angeregt haben. 1836/37 wurde die Anlage mit einem Damm umgeben, um sie vor Hochwasser zu schützen. 1843/44 entstand ein klassizistisches Gesell-

Der Elbauenpark mit Seebühne und Jahrtausendturm

schaftshaus, das in den 1950er Jahren abgerissen wurde. Einige Kunstwerke zieren den Park, wie beispielsweise eine gusseiserne Löwenplastik, die der Verleger Friedrich August Heinrich Faber der Stadt zum Geschenk machte. Auch eine Kugelsonnenuhr und die leider nicht mehr erhaltene Statue der Borussia wurden hier aufgestellt. 1877 wurde der Park mit einer Pferdebahn erschlossen. Das 1901 errichtete Wartehaus an der Endstelle wurde 1999 umfassend saniert und zählt zu den ältesten Wartehäuschen in Deutschland. Die Parkanlage zeichnete sich durch eine enorme Artenvielfalt aus: 1900 zählte man 616 Laub- und 66 Nadelgehölzarten. Im Zweiten Weltkrieg wurde der Park schwer beschädigt und danach in Teilen durch militärische Nutzung weiter in Mitleidenschaft gezogen. Herrenkrugstraße • Tel.: 0391 19433 • www.magdeburg-tourist.de • Park

Blick auf den Winterhafen, eine der ältesten Hafenanlagen der Stadt, heute eine Marina, im Hintergrund die Zollbrücke

ganzjährig frei zugänglich • Straßenbahn: Haltestelle Herrenkrug (Linie 6)

3 ZOLLBRÜCKE ÜBER DIE ZOLLELBE   S. 98

Die Zollbrücke über die Zollelbe verbindet die Altstadt mit dem auf einer Elbinsel gelegenen Stadtteil Werder. Sie wurde zwischen 1879 und 1882 als massiver Ziegelbau errichtet und mit vier allegorischen Figuren von Emil Hundrieser geschmückt. Sie stehen für Schifffahrt, Handel, Industrie und Landwirtschaft. Die im Laufe der Zeit verwitterten Figuren wurden kopiert und 2007 neu aufgestellt. An den Brückenpfeilern sind die Wappen der Städte Magdeburg, Hamburg, Altona, Brandenburg, Leipzig, Dresden, Prag und Berlin zu sehen.

4 STADTPARK ROTEHORN   S. 98

Auf der Rotehorninsel wurde ab 1871 ein Stadtpark angelegt. Bis 1905 entstand ein Landschaftspark mit zahlreichen Wander- und Reitwegen, der später mit Bootshäusern und Gaststätten komplettiert wurde. Zwischen 1906 und 1908 wurde der Adolf-Mittag-See angelegt. Er trägt den Namen seines Stifters, eines Magdeburger Unternehmers. Weitere Spenden ermöglichten den Bau eines Tempels auf der Marieninsel und einer Bootsinsel mit zwei Holzbrücken. Zwischen 1922 und 1927 wurde ein Ausstellungsgelände errichtet, von dem die Stadthalle, der Aussichtsturm und das Pferdetor erhalten sind. Die seinerzeit als beispiellos geltende Stadthalle wurde von Johannes Göde-

Der Stadtpark Rotehorn ist der größte Park Magdeburgs, rechts der Adolf-Mittag-See, im Hintergrund Elbe und Dom

ritz entworfen. Das Pferdetor ist ein Werk von Fritz Maenicke und Max Roßdeutscher. 1927 fand hier die Deutsche Theaterausstellung statt. In den 1970er Jahren wurde ein neues Ausstellungsgelände gebaut, aus dem die Hyparschale durch ihre eigenwillige Dachform aus vier hyperbolischen Paraboloiden hervorsticht. Inzwischen steht sie unter Denkmalschutz. Zwischen Stadthalle und Hyparschale hat der Mitteldeutsche Rundfunk sein Landesfunkhaus errichtet. In Halbkreisform gebaut, verfügt das Haus über eine große Glasfassade in Richtung Elbe.

Park ganzjährig frei zugänglich • Aussichtsplattform: Karfreitag–31. Okt. Mo.–Fr. 11–18.30 Uhr, Sa./So. 10–19 Uhr (Eintritt 2 Euro) • Bus: Haltestelle Stadthalle (Linie 59) •

5 KAVALIERE IV–VI   S. 98

Die Festungsbauwerke Kavalier IV bis VI hinter dem Hauptbahnhof wurden ab 1873 errichtet und bildeten die westliche Verteidigung der Stadt. Sie zählen zu den am besten erhaltenen Festungsanlagen. Das Grabensystem ist noch zu erkennen, ebenso wie die Doppelkaponniere des Kavaliers V. Das vorgelagerte Glacis ist in den 1970er Jahren zum Teil durch den Magdeburger Ring überbaut worden. Auf der Erdabdeckung der Festungswerke befinden sich seit 1921 Kleingärten. Den Belagerungsfall hat keine der Anlagen erlebt. 1900 wurde der Festungsstatus Magdeburgs aufgehoben. Bis 1912 wurde das Kavalier VI noch als Artilleriekaserne genutzt.

Maybachstraße • Bus: Haltestelle Maybachstraße (Linie 59)

6 GESCHWISTER-SCHOLL-PARK S. 98

Der kleine Park in der Nähe der Universität wurde 1897 fertiggestellt. Nach dem Willen der Gartengestalter sollte er wie ein natürlich gewachsener Park aussehen. Die angrenzenden Villen mussten so gestaltet werden, dass ihre Gärten den Park optisch erweitern. 1901 ließ der Vaterländische Frauenverein eine weiße Marmorplastik der in Magdeburg verehrten Königin Luise von Preußen aufstellen. Fortan hieß der Park Königin-Luise-Garten, was die Magdeburger auf Luisengarten verkürzten. Zwischen 1990 und 1994 erhielt die in Geschwister-Scholl-Park umgetaufte Anlage weitgehend ihren Originalzustand zurück. Auch eine Kopie der 1963 zerstörten Plastik der Königin Luise wurde wieder am alten Platz aufgestellt.

Richard-Wagner-Straße/Walther-Rathenau-Straße • Park frei zugänglich • Straßenbahn: Haltestelle Universitätsplatz (Linien 1, 8, 9, 10)

7 EIKE-VON-REPGOW-DENKMAL S. 98

Eike von Repgow (1180–1235) ist der Verfasser des „Sachsenspiegels", einer Sammlung mittelalterlicher Rechtspraktiken und des Gewohnheitsrechts. Das in seinem Werk aufgezeichnete Recht behielt teilweise bis ins 19. Jahrhundert Gültigkeit. Repgow wurde im heutigen Reppichau (früher Repgow) bei Dessau geboren, seine schulische Ausbildung erhielt er

Das Eike-von-Repgow-Denkmal

vermutlich an der Magdeburger Domschule. Das Denkmal wurde 1937 als Brunnen von Hans Grimm geschaffen, mit einem Sockel aus Kalkstein, aus dem Figuren herausgearbeitet wurden, die Treue, Arbeit, Pflicht, Wahrhaftigkeit, Ehre und Recht symbolisieren. Die anderen Seitenflächen sind mit einer Karte zur Ausbreitung des Rechts nach dem Sachsenspiegel und Szenen aus dem Leben Repgows verziert.

Platz des 17. Juni • Straßenbahn: Haltestelle Halberstädter/Leipziger Straße (Linien 3, 5, 9, 10)

8 TECHNIKMUSEUM S. 98

Das Technikmuseum befindet sich an einem industriegeschichtlich bedeutsamen Standort: in der früheren Panzergusshalle des Krupp-Gruson-Werkes, dem späteren Betrieb 18 des Schwermaschinen-baukombinats SKET. Dort wurden z. B. Panzerplatten und Zubehör für die Eisenbahn hergestellt. Das Museum dokumentiert die Industriegeschichte Magdeburgs, die u. a. vom Maschinenbau, der Luft- und Raumfahrttechnik sowie der Rüstungsindustrie geprägt war.

Dodendorfer Straße 65 · Tel.: 0391 6223906 · www.technikmuseum-magdeburg.de · Jan.–März Di.–So. 10–16 Uhr, April–Okt. Di.–So. 10–17 Uhr, Nov.–Dez. Di.–So. 10–16 Uhr · Führung nach telefonischer Vereinbarung · Straßenbahn: Haltestelle Fermersleber Weg (Linien 3, 9) ·

de gehören ebenso zu den Ausstellungsstücken des Zirkusmuseums wie Zirkusplakate, Kostüme, Modelle der Chapiteaus von Krone und Nock, Programmhefte und viele Fotos. Ein besonderer Raum ist der Clownerie vorbehalten. Das Museum befindet sich in Buckau in der denkmalgeschützten Villa des Magdeburger Großindustriellen Rudolf Wolf.

Karl-Schmidt-Straße 13 a · Tel.: 0391 4051545 · www.circusmuseum-magdeburg.de · Di./Do. 10–18 Uhr, Mi./Fr. 10–14.30 Uhr, Sa. 10–13 Uhr · Straßenbahn: Haltestelle Thiemstraße (Linien 2, 8)

9 CIRCUSMUSEUM   S. 98

In Magdeburg wurde 1896 der erste feste Zirkusrundbau in Deutschland errichtet. Er wurde 1944 zerstört. Die Baupläne für das 2.500 Zuschauer fassende Gebäu-

10 HANDELSHAFEN   S. 98
ENTDECKER-TIPP

Um die Hafenanlagen in der Nähe der Innenstadt zu entlasten, wurde zwischen 1886 und 1893 in der heutigen Alten Neustadt der Han-

In umgebauten Speichern im Handelshafen haben sich Forschungseinrichtungen angesiedelt

delshafen angelegt. Er diente zum Umschlag von Massengütern wie Baumwolle, Getreide und Zucker. Das parallel zur Elbe gelegene Hafenbecken ist einen Kilometer lang und durchschnittlich 68 Meter breit. Mit Speichern, Kränen und Hafenbahn ist der Hafen ein Zeugnis der Binnenschifffahrt und Hafenwirtschaft. Sehenswert sind die 1894 errichtete Eisenbahnhubbrücke über den Verbindungskanal zur Elbe und der wiederaufgebaute Kettenschleppdampfer „Gustav Zeuner" auf der Ostseite des Hafenbeckens. Der Handelshafen ist stillgelegt. Heute machen die Schiffe im Industriehafen, im Hansehafen und im Kanalhafen fest. Der Handelshafen wandelte sich dagegen dank seiner Nähe zur Universität, zu Max-Planck- und Fraunhoferinstitut zu einem Wissenschaftshafen. In der Denkfabrik in zwei früheren Getreidespeichern wird bereits geforscht.

Wittenberger Straße 17 • Bus: Haltestelle Wissenschaftshafen (Linie 73)

11 ST. NICOLAI   S. 98

Die evangelische Kirche St. Nicolai ist der einzige klassizistische Kirchenbau Magdeburgs. Sie wurde 1821 bis 1824 nach einem Entwurf Karl-Friedrich Schinkels (1781–1841) erbaut. Die Nicolaikirche ist Schinkels erster Kirchenbau und zugleich der Urtyp der von ihm entworfenen Normalkirche. Der Bau in Magdeburg wurde mit beträchtlichen Summen aus der preußischen Staatsscha-

tulle unterstützt. Daran erinnert die mittlere von drei Inschriften an der Westfassade „Mit Gott durch Königshuld". Auch St. Nicolai wurde im Zweiten Weltkrieg erheblich beschädigt. Die Schäden wurden bis 1954 beseitigt. Nach 1990 erfolgte eine umfangreiche Sanierung. Das als Tonnengewölbe ausgeführte Kirchenschiff beeindruckt durch klare Linien, seine hohen an die Romanik angelehnten Rundbogenfenster und durch die doppelgeschossigen Emporen. Das mittlere Fenster der Apsis wurde zugemauert und nahm ein Wandbild von Günter Johl-Stendal, „Durchbrecher aller Bande", auf. Ein Taufbecken von 1712 stammt aus der von den Franzosen gesprengten Vorgängerkirche. Nicolaiplatz • Tel.: 0391 2536254 • Straßenbahn: Haltestelle Nicolaiplatz (Linien 1, 8, 9, 10)

12 VOGELGESANGPARK MIT ZOOLOGISCHEM GARTEN   S. 98
ENTDECKER-TIPP

Der Vogelgesangpark wurde im 14. Jahrhundert vom Wärter des Klosters Maria Magdalena als kleine Gartenanlage angelegt. Diese Anlage wurde später von den Klostervorstehern erweitert, aber auch mehrfach zerstört: 1550 im Schmalkaldischen Krieg und während der Besetzung durch Napoleon. Danach entwickelte sich der Vogelgesang zum Treff der niederen Stände, während die höheren den Herrenkrug bevorzugten. Der Park wurde über viele Jahrzehnte ständig um neue Anlagen bereichert. Nach Zerstörungen 1945 und der folgenden Instandsetzung sind heute vor allem der restaurierte Rosengarten mit Pergola und Brunnen, der Senkgarten, der Heidegarten und das Rhododendrontal zu besichtigen. Im nördlichen Teil des Parks wurde 1950 ein Heimattierpark eröffnet, der die Grundlage des heutigen Magdeburger Zoos bildet. Der Zoo beherbergt heute etwa 1.000 Tiere aus 180 Arten und zählt 300.000 Besucher im Jahr.

Schöppensteg, Zooallee 1 • Tel.: 0391 280900 • www.zoo-magdeburg.de • Park ganzjährig frei zugänglich, Zoo: Sommerzeit Mo.–So. 9–19 Uhr, Winterzeit Mo.–So. ab 9 Uhr bis Einbruch der Dunkelheit • Führungen nach telefonischer Anmeldung, Tel.: 0391 280902555 • Straßenbahn: Haltestelle Zoo (Linie 10) •

13 WASSERSTRASSEN-KREUZ UND SCHIFFS-HEBEWERK S. 98

Das Wasserstraßenkreuz Magdeburg ist die größte europäische Anlage dieser Art und verbindet Elbe, Mittellandkanal und die Magdeburger Hafenanlagen. Spektakulärster Teil ist die 2003 in Betrieb genommene Trogbrücke, die den Schiffsverkehr des Mittellandkanals über die Elbe führt. Mit 918 Metern ist sie die längste Kanalbrücke Europas. Zum Wasserstraßenkreuz gehören außerdem die Sparschleuse Rothensee, die Doppelsparschleuse Hohenwarthe und die Schleuse in Niegripp. Noch im Bau ist die Niedrigwasserschleuse, die den Magdeburger Hafen vom Wasserstand der Elbe unabhängig macht. Mit der Fertigstellung der Rothenseer

Die Trogbrücke über die Elbe ist die längste Kanalbrücke Europas

Sparschleuse wurde im Juli 2006 das Schiffshebewerk stillgelegt (Wiedereröffnung 2013 geplant). Es war seit 1938 im Betrieb. Sein Bau stellte eine beachtliche ingenieurstechnische Leistung dar. Der Trog des Schwimmerhebewerks wird von zwei 36 Meter hohen Tauchschwimmkörpern mit rund zehn Metern Durchmesser gehalten. Das verringerte den Kraftaufwand für das Heben des 85 Meter langen und 12,20 Meter breiten Trogs. Zum Antrieb wurden lediglich acht Elektromotoren mit einer Leistung von je 44 Kilowatt benötigt. Das Schiffshebewerk sollte Schiffen den Abstieg vom Mittellandkanal in die tiefer liegende Elbe oder den Aufstieg in umgekehrter Richtung ermöglichen. Da die bereits damals geplante Kanalbrücke über die Elbe wegen des Zweiten Weltkrieges nicht gebaut wurde, musste auch der gesamte Schiffsverkehr auf dem Mittellandkanal das Schiffshebewerk passieren, um über einen zwölf Kilometer langen Umweg über die Elbe in den Elb-Havel-Kanal zu gelangen.

Tel.: 0391 19433 • Führungen, Tel.: 03 91 255060 • www.magdeburg-tourist. de • www.wna-magdeburg.wsv.de • ganzjährig für Touristen zugänglich • Führungen Sa./So. 11 Uhr ab Schiffshebewerk Rothensee • Straßenbahn: Haltestelle Barleber See (Linie 10), von dort Ohrebus 604 bis Magdeburg-Hebewerk (nur Mo.–Fr.) • 👫 🧍 🚻

14 PRETZIENER WEHR S. 99

Magdeburg liegt am Rand des Elbtals auf einem Hochufer. Die östlich der Elbe gelegenen Stadtteile waren jedoch seit jeher immer wieder von Hochwasser bedroht. Daher hatte man diese Ortschaften schon im Mittelalter mit Deichen umgeben, die jedoch immer nur einige Ortschaften schützten und nicht aufeinander abgestimmt waren. Dies änderte sich im 19. Jahrhundert, als eine ganzheitliche Lösung für den Hochwasserschutz gefunden wurde. Dabei wurde ein Umflutkanal gebaut, der beidseitig eingedeicht wurde. Im Falle eines Hochwassers wird etwa ein Drittel der Wassermassen durch diesen Umflutkanal geleitet. Bei Normalpegel muss dieser Umflutkanal aber verschlossen bleiben, um den Wasserstand auf der Stromelbe halten zu können. Dazu wurde zwischen 1871 und 1875 südlich von Magdeburg das Pretziener Wehr gebaut, hauptsächlich von italienischen Bauarbeitern und französischen Kriegsgefangenen.

Dazu wurde zunächst ein Sandstein-Unterbau hergestellt, auf dem zwei Land- und acht Mittelpfeiler stehen. Die Pfeiler sind 5,75 Meter hoch und stehen etwa 12,50 Meter auseinander. Somit beträgt die Durchflussbreite des Wehrs fast 113 Meter. Verschlossen werden die Öffnungen von je 36 eisernen Schütztafeln, die nach oben mittels elektrischer Winden weggezogen werden können. Jede dieser Tafeln wiegt etwa 100 Kilogramm. Das Pretziener Wehr ist das größte Schütztafelwehr Europas.

Wenn das Elbhochwasser beim Pegel Barby einen Stand von 5,92 Metern überschreitet, wird das Wehr gezogen. Seit der ersten Öffnung im Jahre 1875 bis zum Jahr 2013 wurde das Wehr 64 Mal gezogen, davon acht Mal im Sommer und 56 Mal im Winter. Für die Öffnung im Januar 2011 brauchten 16 Mitarbeiter fünf Stunden.

Für die ingenieurtechnische Leistung wurde das Bauwerk auf der Weltausstellung in Paris 1889 mit einer Goldmedaille ausgezeichnet. www.pretziener-wehr.de

15 BAD SALZELMEN S. 99

Im Schönebecker Stadtteil Bad Salzelmen kann man sich wunderbar erholen. Das liegt auch daran, dass dort schon seit dem 12. Jahrhundert Sole gewonnen wird, also Salzlösung. Nachdem die Nachbarstadt Groß Salze 1680 an das brandenburgisch-preußische Herzogtum Magdeburg fiel, wurde die Salzgewinnung verstaatlicht. Zwischen 1756 und 1765 errichtete die Königlich Preußische Saline – seinerzeit größtes staatliches Unternehmen Preußens – ein Gradierwerk mit einer Länge von 1.837 Metern. Dabei diente das Gradierwerk der Erhöhung des Salzgehalts in der Sole. Zu diesem Zweck wurde die geförderte Sole nach oben gepumpt und rieselte dann über Schwarzdorn ab, wobei Wasser verdunstete und Verunreinigungen entfernt wurden.

Nachdem Johann Wilhelm Tolberg die heilende Wirkung der Sole, insbesondere bei Atemwegserkrankungen, entdeckte, gewann Bad

Gradierwerk in Salzelmen

Das Schloss Hundisburg mit dem Schlossgarten

Salzelmen auch Bedeutung als Kurort. 1802 wurde das erste Sole-heilbad Deutschlands hier eröffnet. Zwar wurde die Gewinnung von Sole zur Salzherstellung schon 1967 eingestellt, aber die Sole ist weiterhin die Grundlage für den Kurbetrieb. Dafür wurde in den 1990er Jahren eine neue Kurklinik errichtet, es gibt ein Solebad, und auch das Gradierwerk kann nach wie vor besichtigt werden – auch wenn es mittlerweile nur noch rund 350 Meter lang ist.
www.solepark.de

16 SCHLOSS HUNDISBURG S. 99

Etwa 30 Kilometer nordwestlich von Magdeburg liegt mit dem Schloss Hundisburg eines der bedeutendsten Barockschlösser Sachsen-Anhalts. Das Schloss selbst ist der Nachfolgebau einer mittelalterlichen Burgveste, die u. a. dem Schutz der Lüneburger Heerstraße diente. Das Schloss besteht aus drei Risaliten mit dazwischenliegenden zweistöckigen Loggien. Dabei wird das Gebäude von einem hohen Walmdach und zwei Türmen überragt, die der Anlage eine massive Wirkung verleihen. Außer dem von 1693 bis 1712 errichteten Schloss ließ der Besitzer – Johann Friedrich II. von Alvensleben – auch eine weitreichende Gartenanlage anlegen, die es in ihrer Pracht mit fürstlichen Anlagen der Zeit aufnehmen konnte.

Im Gegensatz zum Schloss selbst – dessen alten Wirtschaftshof man beim Neubau des Barockschlosses modernisierte – war die Gartenanlage stetigen Veränderungen unterworfen. Ursprünglich als Barockgarten angelegt, wurde der Garten nach 1811 die Keimzelle eines Landschaftsparks, der von Hundisburg bis zum benachbarten Ort Alt-Haldensleben reichte. Im Zuge der Anlage dieses Parks – Schloss und Garten gehörten jetzt dem Magdeburger Industriellen Nathusius – wurde auch die Gartenanlage dem Zeitgeschmack angepasst. Dabei blieb aber die Aufteilung des barocken Gartens weitgehend erhalten.

Nach dem Zweiten Weltkrieg wurden sowjetische Soldaten im Schloss einquartiert, die ein Feuer verursachten, dem der größte Teil des Hauptgebäudes zum Opfer fiel. Zwar versuchte man in den 1960er Jahren einen Wiederaufbau, letztlich war das Schloss aber bis 1991 dem Verfall preisgegeben. Schlimmer noch erging es der Gartenanlage. Sie wurde durch eine Obstplantage und ein Fußballfeld völlig zweckentfremdet. 1994 erwarb die Stadt Haldensleben Schloss, Garten und Park und lässt die Anlagen seither in mehreren Abschnitten restaurieren. Regelmäßig finden im Schloss und Wirtschaftshof Veranstaltungen statt. Außerdem ist seit 2001 die Sammlung des Bildhauers Heinrich Apel im Schloss ausgestellt.
www.schloss-hundisburg.de

17 SCHLOSS LEITZKAU S. 99

Wer hier wohnte, hatte einen weiten Blick ins Land. Vom Turm des Schlosses Leitzkau ist selbst das etwa 30 Kilometer entfernte Magdeburg gut zu erkennen. Eine günstige Lage für ein Schloss. Im Jahre 1564 erwarb der Heerführer Freiherr Hilmar von Münchhausen das Schloss für 70.000 Taler von Markgraf Johann von Küstrin. Der Markgraf dürfte mit dem Geschäft zufrieden gewesen sein. Der Freiherr aber musste in den folgenden Jahren tief in die Tasche greifen, um die verfallenden Gebäude des früheren Klosters zu einem wohnlichen Schloss für seine Familie herzurichten. Die Umbauten orientierten sich an der Renaissance, wie sie Münchhausen aus den Gegenden an Weser und Ems gewohnt war. Bis zum Jahre 1600 wurde aus dem früheren Stift ein strategisch günstig gelegenes Renaissanceschloss. Als sich die Nachkommen des Heerführers später über ihr Erbe in die Haare gerieten, teilten sie das Schloss kurzerhand in Althaus und Neuhaus auf und zogen sogar eine Trennmauer. Heute gehören zum Schloss Leitzkau die Schlosskirche, das Schloss Neuhaus und das Schloss Hobeck. Die Familie Münchhausen wurde 1945 enteignet. Heute gehört die Anlage dem Land. Sie ist auch Sitz der „Stiftung Dome und Schlösser in Sachsen-Anhalt". Jeweils am zweiten Septemberwochenende finden im Schlosshof ein Töpfermarkt und ein Mittelalterspektakel statt.
www.dome-schloesser.de/leitzkau.html

KLEINE STADTGESCHICHTE

805 In der Gesetzessammlung „Diedenhofener Kapitular" nennt Karl der Große „Magadoburg" als wichtige Grenzfeste im Osten des Karolingerreichs. Wer mit den Slawen östlich der Elbe handeln wollte, musste dies in Magdeburg tun. Die Geburtsstunde der Stadt dürfte aber früher geschlagen haben. Bei Ausgrabungen im heutigen Stadtgebiet wurden unter dem Großen Silberberg Bestattungskammern entdeckt, die im 3. Jahrtausend v. Chr. angelegt worden sind.

936 Gleich nach seiner Krönung reiste Otto I. mit seiner ersten Frau, der englischen Prinzessin Editha, in die Magdeburger Pfalz. Er besuchte die Stadt 22 Mal und hielt sich hier mindestens 105 Tage auf. Als Kaiser erhob er 968 Magdeburg mit päpstlichem Segen zum sechsten Erzbistum in seinem Reich. Die Stadt galt damals nicht nur als sächsisches Aachen, sondern als neues Rom. Otto der Große starb 973 und wurde in dem aus einer umgebauten Klosterkirche entstandenen Magdeburger Dom bestattet.

11. Jh.   In wenigen Jahrzehnten war Magdeburg ein wichtiges geistiges, politisches und wirtschaftliches Zentrum geworden. Die Erzbischöfe gehörten zu den einflussreichsten Fürsten des Reichs. Am Dom entstanden etliche Stifte und Kirchen. Von der östlichen Elbseite erschien Magdeburg im 11. Jahrhundert als eine Kette kirchlicher Bauten. Handel, Gewerbe und Landwirtschaft siedelte am Johannisberg. Durch die Lage an der Elbe waren Warenumschlag und Fernhandel die beiden wichtigsten Einnahmequellen.

12. Jh.   Erzbischof Wichmann (vor 1116–1192) erneuerte und modernisierte 1188 das Magdeburger Stadtrecht, er gewährte den Einwohnern neue Freiheiten, erleichterte den Handel und stärkte das Wirtschaftsleben. Wichmann gewährte nun auch anderen Städten „die Freiheit des Rechts, das die Stadt Magdeburg genießt". Das Magdeburger Recht gilt als das am weitesten verbreitete Stadtrecht in Europa. Der Schöffenstuhl in Magdeburg wurde um Rechtsauskunft ersucht, wenn die Schöffen der jeweiligen Städte keine Entscheidung zu fällen wussten.

14./15. Jh.   Mit wachsendem Selbstbewusstsein des Bürgertums kamen die Konflikte: Als der Erzbischof Burchard III. zum wiederholten Mal Verträge brach, nahmen ihn die Bürger 1325 fest und erschlugen ihn. Die Folge waren Kirchenbann, Reichsacht und erhebliche wirtschaftliche Einbußen. Nach einem Jahrhundert relativer Ruhe kam es unter der Regierung Ernsts von Sachsen (1476–1513) zu neuen Unruhen.

16. Jh.   Unter Albrecht von Brandenburg (1490–1545) wurde Magdeburg als erste bedeutende deutsche Stadt protestantisch. Den letzten Anstoß gab eine Predigt Martin Luthers (1483–1546) am 26. Juni 1524 in der Johanniskirche. Noch im gleichen Jahr wurde in allen Pfarrkirchen die katholi-

Historische Stadtansicht Magdeburgs um 1725 (Ausschnitt)

sche Messe abgeschafft. Die Stadt wurde zum Fluchtpunkt für Anhänger der Reformation und zum bedeutensten Verlagsort lutherischer Schrift. Das trug Magdeburg den Beinamen „Unseres Herrgotts Kanzlei" ein.

17. Jh.   Nachdem Magdeburg sich mit dem Schwedenkönig Gustav II. Adolf verbündet hatte, erschienen im Frühjahr 1631 kaiserliche Truppen unter Pappenheim und Tilly vor den Stadttoren. Am 10. Mai stürmten und plünderten sie die Stadt, ein Großfeuer tat ein übriges. In wenigen Stunden war eine der bedeutendsten mittelalterlichen Städte vernichtet. Nur Dom, Kloster, und einige Häuser blieben erhalten. Bis zu 20.000 Bewohner sollen ihr Leben verloren haben. Magdeburg hatte 30.000 Einwohner – 1639 nur 450.

18./19. Jh.   Durch den Westfälischen Frieden kam die Stadt an Brandenburg. Fürst Leopold von Anhalt-Dessau (1676–1747), der Alte Dessauer, trieb den Aufbau der Stadt und Festungsanlagen voran. Mitte des 18. Jahrhunderts war das Festungsgelände etwa 2.000 Hektar groß, die umschlossene Stadt lediglich 1.200 Hektar. 1806 tauchten französische Truppen vor der Stadt auf. Der greise Festungskommandeur Franz Kasimir von Kleist (1736–1808) kapitulierte und zog ab. Das bewahrte die Stadt möglicherweise vor einer neuerlichen Katastrophe.

19. Jh.   Wieder preußisch, wurde Magdeburg Hauptstadt der Provinz Sachsen. Die Bevölkerung wuchs in der Folge der Industrialisierung: 1818 waren es 35.824 Einwohner, 1840 bereits 50.898 und 1871 dann 84.401. Dampfschifffahrt,

Landwirtschaft und Zuckerrübenverarbeitung wurden zu Geburtshelfern der Magdeburger Industrie. Schon 1839 fuhren Züge auf der ersten Strecke nach Schönebeck. Sie wurde später bis Leipzig verlängert. Eisenbahnverbindungen nach Halberstadt und Potsdam kamen hinzu. Mit 114.291 Einwohnern überschritt Magdeburg 1885 die Grenze zur Großstadt. Als das 19. Jahrhundert zu Ende ging, lebten hier 229.677 Einwohner.

20. Jh. Die leistungsfähige Wirtschaft bot auch in der Weimarer Republik Möglichkeiten der Stadtentwicklung. Bruno Taut, ab 1921 Stadtbaurat, ging in seinem Generalsiedlungsplan von einer Gesamtstadt mit etwa 700.000 Einwohnern aus. Dann wurde Magdeburg durch seine wirtschaftliche Struktur wichtig für die Kriegspläne Nazideutschlands. Die Fabriken bauten Panzer, Kanonen, Flugzeugmotoren, Messgeräte für U-Boote und erzeugten Munition und Treibstoff. Seit 1944 war Magdeburg ein bevorzugtes Ziel alliierter Bomberverbände. Am 16. Januar 1945 versank die Altstadt in nicht einmal einer halben Stunde zu 90 Prozent in Schutt und Asche. Der Feuerschein kündete noch in 370 Kilometer Entfernung vom zweiten Untergang Magdeburgs. Von 330.000 Einwohnern am Vorabend des Krieges wohnten im April 1945 noch 90.000 in der Stadt. Der Zerstörung folgte die Enttrümmerung, dann der Wiederaufbau. Vom früheren Stadtbild war bald nichts mehr zu erkennen. Am Breiten Weg, einst eine der bedeutendsten Barockstraßen Deutschlands, blieb es bei zwei im überlieferten Stil wiederhergestellten Häusern.

Die großen Unternehmen wurden zuerst zwecks Reparationszahlungen entleert, dann sowjetisch geleitet und schließlich volkseigen. 1990 waren die einstigen Firmen von Weltruf nicht mehr wettbewerbsfähig. In den 50er und 60er Jahren wurde Magdeburg zur Hochschulstadt. Medizin, Pädagogik, Naturwissenschaften und technische Wissenschaften legten den Grundstein für die spätere Universitätsgründung. Im Herbst 1989 wurde im Dom noch einmal Geschichte geschrieben. Eine wachsende Zahl Magdeburger versammelte sich zum wöchentlichen Friedensgebet. Im Anschluss demonstrierten sie für friedliche Veränderung der gesellschaftlichen Grundlagen. 1990 wurde Magdeburg Hauptstadt des erneuerten Landes Sachsen-Anhalt.

GASTRONOMIE

Von rustikalen Magdeburger Spezialitäten wie Bötel (Eisbein) über klassische deutsche Küche, preisgekrönte französische Haute cuisine bis hin zu moderner internationaler Küche gibt es reichlich Gaumenfreuden zu entdecken. Der Gault Millau listet sechs Restaurants in seinem Führer auf. Die Studentenstadt lässt sich am besten in den Cafés und Bars erkunden. In der Nähe des Hasselbachplatzes und in der Altstadt bietet sich hier mehr als nur eine Gelegenheit dafür.

GASTSTÄTTEN UND RESTAURANTS

1 BonApart Kleiner Franzose mit großem Geschmack gleich gegenüber dem Hundertwasserhaus. Die vom Gault Millau gewürdigte Gerichte (13 Punkte) gibt es im Restaurant im Erdgeschoss. Feiern kann man aber auch in zwei mittelalterlichen Tonnengewölben. Breiter Weg 202 • Tel.: 0391 6623850 • www.bonapart-magdeburg.de • Mo.–Fr. 17–24 Uhr, Sa. 11.30–24 Uhr, So. 11.30–15 Uhr

2 Bötelstube „Bötel" sagen die Magdeburger zu Eisbein oder Schweinshaxe. Ihn (Bötel ist männlich) gibt es mit Sauerkraut und Erbspüree. Zur deftig-kräftigen Küche passt die rustikale Einrichtung. Alter Markt 9 • Tel.: 0391 5620397 • www.boetelstube.de • Mo.–Sa. 11–24 Uhr, So. 11–22 Uhr

3 Da Capo im Maritim Hotel Hier kocht der Küchenchef höchstselbst. Auch kulinarisch will das erste Hotel am Platze seine Klasse zeigen. Der Gast sitzt trotz Nähe zum hektischen Zentrum abgeschirmt hinter großen verspiegelten Glasscheiben. Im Sommer gibt es auch Terrassenbetrieb. Otto-von-Guericke-Straße 87 • Tel.: 0391 5949895 • Mo.–So. 11.30–14.30/18–22.30 Uhr

4 Die Saison im Herrenkrug Parkhotel Gault Millau und andere Gastronomieführer sehen hier eines der Spitzenrestaurants der Stadt. Eine Tatsache, zu der trotz der tollen Küche auch die einzigartige Parklandschaft rund um das Haus beigetragen haben dürfte. Herrenkrugstraße 3 • Tel.: 0391 8508730 • www.herrenkrug.de • Mo.–So. 6.30–10.30/12–14, 18.30–22.30 Uhr

5 Elbelandhaus Eine der jüngeren Adressen Magdeburgs. Das frühere Landhaus wurde innen mediterran ausgestaltet. Ein wunderschöner Ka-

◀ Blick von der Zollbrücke

min sorgt auch an kühleren Tagen für Gemütlichkeit. Frische Gerichte der Region und der Saison. Große Terrasse mit Blick auf die Elbe. Benediktinerstraße 6 • Tel.: 0391 4006770 • www.elbelandhaus.de • Mo.–Fr. ab 11 Uhr, Sa./So. ab 10 Uhr

6 Gasthaus „Zum Lindenweiler" Eine grüne Idylle am Rande der Großstadt. Die Speisekarte passt sich mit verfeinerter deutscher Küche ein. Wer das Haus nicht gleich findet, sollte einfach fragen. Lindenweiler-Wirt Eckhard Meyer war einige Jahre Präsident des 1. FC Magdeburg und ist – wie sollte das in einer so ausgewiesenen Sportstadt auch anders sein – bekannt wie ein bunter Hund. Vogelbreite 79 • Tel.: 0391 7219545 • www.hotel-zum-lindenweiler.de/restaurant • Mo.–So. ab 11 Uhr

7 La Bodega Der Name sagt es: spanische Küche im Zentrum der Magdeburger Börde. La Bodega war das erste spanische Restaurant in Magdeburg. Vor ein paar Jahren wurde die Adresse gewechselt. Auch im Herzen der Stadt bietet das Restaurant eine gepflegte Atmosphäre, in der man sich ruhig unterhalten kann. Domplatz 10–11 • Tel.: 0391 5432959 • Mo.–So. 11–23 Uhr

8 Landhaus Hadrys Stilvoll ausgestattetes Restaurant am Stadtrand mit einer klassischen deutschen und französischen Küche. Zum Haus gehört eine herrliche Terrasse im Grünen. An der Halberstädter Chaussee 1 • Tel.: 0391 6626680 • Di.–Sa. ab 12 Uhr

9 Le Frog Gaststätte im Stadtpark Rotehorn, direkt am Adolf-Mittag-See. Große Freilufterrasse unter wunderschönen alten Bäumen. Heine-Platz 1 • Tel.: 0391 5313556 • www.lefrog-md.de • Mo.–Fr. 9–24 Uhr, Sa. 10–24 Uhr, So. 10–22 Uhr

10 Porten Internationale Küche am schönen neuen Schauspielhaus. Stilvolles Ambiente und gehobenes Niveau. Hier wird nur mit frischen Zutaten gekocht. Neben einer umfangreichen Speisekarte gibt es auch Cocktails. Besonders im Sommer lädt die gemütliche Terrasse zum Verweilen ein. Namensgeberin ist übrigens die in Magdeburg geborene Stummfilmdiva Henny Porten. Otto-von-Guericke-Straße 64 • Tel.: 0391 506 8893 • www.restaurant-porten-magdeburg.de • Mo.–Sa. ab 12 Uhr, So. ab 10 Uhr

11 Qilin – Asian Cook Art Eine echte Empfehlung für Freunde der asiatischen Kochkunst im Herzen der Altstadt. Die Rezepte zu den Gerichten stammen aus Vietnam, Thailand und Japan, die mit frischen und authentischen Zutaten zubereitet werden. Otto-von-Guericke-Straße 86 c • Tel.: 0391 2439944 • www.qilin-md.de • Mo.–Sa. 11.30–15/17–22.30 Uhr, So. 12–22 Uhr

12 Ratskeller Ältestes Restaurant in der Stadt. Im Keller des Rathauses wurde bereits im 13. Jahrhundert gezecht. In einem benachbarten Gewölbe soll 1325 Erzbischof Burghard erschlagen worden sein. Er brachte die Magdeburger auch dadurch in Rage, dass er die Biersteuer erhöhte. Alter Markt 6 • Tel.: 0391 5682323 • www.ratskeller-magdeburg.de • Mo.–Sa. Ab 11 Uhr, So.11–15 Uhr

13 RED SNAPPER Kleines Fischrestaurant über zwei Etagen eines Gründerzeithauses in Stadtfeld. In der warmen Jahrerszeit öffnet zusätzlich ein Sommergarten hinter dem Haus. Die Küche gilt als eine der besten in Magdeburg. Stammgast im Gault Millau. 2013 gab es 14 Punkte. Maxim-Gorki-Straße 18 • Tel.: 0391 7374884 • www.redsnapper-magdeburg.de • Mo. ab 17.30 Uhr, Di.–Sa. 11.30–14.30/ab 17.30 Uhr

14 Restaurant „Die Kirche" Das Restaurant ist selbst eine Sehenswürdigkeit. Wo heute gespeist wird, wurden noch bis 1958 Kinder getauft. Kein Geringerer als Hofbaumeister Schinkel hat übrigens im 19. Jahrhundert den Neubau auf den Grundmauern einer Dorfkirche entworfen – und ihren Turm ein wenig vom heiß geliebten Dom abgekupfert. Wer das nicht glaubt, kann es leicht überprüfen. Die Kirche steht gleich neben dem Elbdeich. Und von dort aus grüßt über die Elbe die älteste gotische Kathedrale Deutschlands. Alt Prester 86 • Tel.: 0391 5353352 • www.kirche-prester.de • April–Sept. Mo.–Do. ab 16 Uhr, Fr./Sa. ab 11.30 Uhr, So. ab 10 Uhr, Küchenschluss 22.30 Uhr • Okt.–März Di.–Fr. ab 16 Uhr, Sa. ab 11.30 Uhr, So. ab 10 Uhr, Küchenschluss 21.30 Uhr

15 Restaurant im Hotel „Elbrivera" Das in den 90er Jahren des vergangenen Jahrhunderts errichtete Fachwerkhaus passt sich dem ländlich-gemütlichen Charme am östlichen Stadtrand an. Die Speisekarte ist gutbürgerlich und enthält erfreulich viele regionale Spezialitäten. Wer nach den leiblichen Genüssen die Seele baumeln lassen möchte, ist hier richtig: Gleich hinter dem Garten beginnt die wunderschöne Elblandschaft. Alt Prester 102 • Tel.: 03 91 81930 • www.hotel-elbrivera.de • Mo.–So. 6–24 Uhr

16 Wenzel Prager Bierstuben Die original tschechischen Speisen sind mindestens genauso lecker wie die berühmten Biere des Landes. Einmalig in Magdeburg. Leiterstraße 3 • Tel.: 0391 5446616 • www.wenzel-bierstuben.de • Mo.–So. 11–23 Uhr

17 Zum Prater Die sehr gute deutsche Küche gilt als kulinarischer Geheimtipp. Außerdem darf der Gast bestaunen, was die Sammelleidenschaft des Inhabers zusammengetragen hat. Ein Ara sorgt zudem für Stimmung. Das kommt nicht nur bei Kindern an. Dessauer Straße 6 • Tel.: 0391 8115319 • www.zum-prater.de • Di.–Fr. 11.30–14/17–24 Uhr, Sa. 17–24 Uhr, So. 11.30–15 Uhr

CAFÉS UND BISTROS

18 BORTSCHELLER Traditionsreiches Magdeburger Eiscafé, klein und hübsch. Drei Minuten vom Elbufer und der Buckauer Fähre zum Rotehornpark entfernt. Schönebecker Straße 103 • Tel.: 0391 4044546 • Di.–Fr. 11–19 Uhr, Sa. 13–19 Uhr, So. 10–19 Uhr (im Winter bis 18 Uhr)

19 Café Flair Kaffeehaus an der belebtesten Ecke der Magdeburger Innenstadt. Im Sommer lässt sich die Betriebsamkeit auch draußen genießen. Breiter Weg 21 • Tel.: 0391 5618955 • www.cafe-flair.de • Mo.–Sa. ab 8.30 Uhr, So. 10–1 Uhr

20 Café Lüder Viel besuchtes Café ganz in der Nähe zu den Elbdeichen und zum Elbe-Radwanderweg. Kuchen und Gebäck aus eigener Bäckerei. Alt Prester 71–73 • Tel.: (0391) 55756112 • www.cafe-lueder.de • Mo.–Fr. 5.30–18 Uhr, Sa. 6.30–18 Uhr, So. 8–18 Uhr

21 Café Rossini Das Café befindet sich im Opernhaus und wartet mit eigenem Programm auf: Tanznacht, Tangosalon und Kochstudio mit beliebten Ensemblemitgliedern des Magdeburger Theaters. Universitätsplatz 9 • Tel.: 0391 5406579/5406555 • Mo.–Sa. 1 h vor Veranstaltungsbeginn

22 Il Capitello Espresso mit italienischen Spezialitäten in der Nähe des Landtages. Sehr gutes Angebot an Weinen. • Domplatz 10 • Tel.: 0391 9908099 • Mo.–Fr. 8–22 Uhr, Sa.–So. 10–24 Uhr

23 Kaffeehaus Köhler Kaffeehaustypisch sind hausgemachte Kuchen und Torten, feines Gebäck und besondere Pralinen. Die Betreiberin ist Musikprofessorin. Einmal im Monat singt sie im Café mit Gästen. Leiterstraße 3 • Tel.: 0391 5355987 • www.kaffeehaus koehler.de • Mo.–So. 9–19 Uhr

24 Rathaus-Café Café im Stil der Wende vom 19. zum 20. Jh. Original-getreue Leuchter und Möbel sorgen für eine besondere Atmosphäre. Alter Markt 3 • Tel.: 0391 5611937 • www. rathauscafe-magdeburg.de • Mo.–Sa. 10–22 Uhr, So. 10–20 Uhr

25 Till Kleines Bistro und Café hinter dem Eulenspiegel-Brunnen. Der Schalksnarr ist auch der Namensgeber. Alter Markt 12 • Tel.: 0391 5639758 • Mo.–So. 8–20 Uhr

KNEIPEN UND BARS

26 Amsterdam Beliebter Treff von Jung und Alt. Gutes Speisenangebot und gepflegte Getränke. Olvenstedter Straße 9 • Tel.: 0391 4005400 • www. dasamsterdam.de • Mo.–Do. 10–24 Uhr, Fr. 10–1 Uhr, Sa. 15–1 Uhr, So. 9.30–24 Uhr

27 Bluenote – Jazz-Kneipe Bis 1 Uhr nachts (Fr. und Sa. bis 2 Uhr) gibt es jede Menge Jazz in rustikaler Umgebung: heiße Klänge und roter Back-

Cafés und Bars locken am Hasselbachplatz

stein. Lessingstraße 20 · Tel.: 0391 7324875 · Mo.–So. ab 19.30 Uhr

28 Café Central Tolles Programm-Café, eingerichtet im Stil der 20er Jahre des vergangenen Jahrhunderts: Wöchentlich gibt es Livemusik, Lesungen und Konzerte, Liederabende. Leibnitzstraße 34 · Tel.: 0151 23273964 · www.cafecentral.cc · Mo.–Fr. ab 17 Uhr, Sa.–So. ab 19 Uhr

29 CoCo Bar Die Bar lockt mit einer breiten Auswahl an ausgefallenen Cocktails und einem stilvollem Ambiente. So verbringt man bei Bedarf die Abende und Nächte bei den unterschiedlichsten Kreationen bis in die frühen Morgenstunden. Otto-von-Guericke-Straße 56 b · Tel.: 0163 7839740 · www.coco-md.de · Mo.–So. 15–5 Uhr

30 Deep Eine der beliebten Studentenkneipen in der Stadt. Viele Besucher schwärmen von den Cocktails und den ideenreichen Lichtspielen. Breiter Weg 231 · Tel.: 0172 3938695 · Mo.–So. ab 19 Uhr

31 Dom Sikara Gemütliches orientalisches Flair inklusive Shishas (Wasserpfeifen), regelmäßig Livemusik und DJs. Keplerstraße 7 · Tel.: 0391 5598658 · www.domsikara.de · Mo.–So. ab 18 Uhr

32 Escape Espressobar Modern, aber gemütlich eingerichtet, gibt es auch zu fortgeschrittener Stunde noch kleine Snacks und natürlich Getränke. Keplerstraße 9 a · Tel.: 0391 5632704 · www.cafe-escape.de · Mo.–So. ab 9 Uhr

33 Espresso-Kartell Schlicht-elegantes Kaffeehaus, in dem hin und wieder Livemusik erklingt. Breiter Weg 232 a · Tel.: 0391 5828187 · www.espresso-kartell.de · Mo.–Sa. ab 14 Uhr, So. ab 10 Uhr

34 The Fan Amerikanische Sportsbar, in der Fußball und andere sportliche Highlights live verfolgt werden können. Leiterstraße 1 · Tel.: 0391 5639221 · www.sportsbar-fan.de · Mo.–Fr. ab 16 Uhr, Sa. ab 13 Uhr, So. ab 14 Uhr

35 Hegel Bierbar Hier lässt sich im Kellergewölbe eines Gründerzeitbaus ein kühles Bier genießen und lecker essen. Hegelstraße 37 · Tel.: 03 91 5610035 · www.hegel-bierbar.de · Mo.–Sa. ab 17 Uhr

36 HYDE Gemütliche Bar über zwei Etagen eines Gründerzeithauses. Große Auswahl von Drinks. Dazu Kicker und Billard. Sternstraße 29 · Mo.–So. ab 18 Uhr

37 Jakelwood Faire Preise, leckeres Essen und kühle Getränke verschaffen dem Jakelwood Zulauf von jungen Leuten. Otto-von-Guericke-Straße 48

TIPP Montego Beach Club Weißer, feiner Südseesand, Ledercouches, Palmen und ein kleiner Pool erzeugen im Sommer karibisches Urlaubsgefühl. Mitten im Stadtpark Rotehorn gelegen, lädt der Club zum Relaxen und Wohlfühlen ein. Auf zwei Feldern kann hier Beachvolleyball gespielt werden. Sarajevo-Ufer · Tel.: 0391 2428163 · www.montego-beach club.de · Mo.–Sa. 11–1 Uhr, So. 10–1 Uhr

• Tel.: 0172 3875824 • www.jakelwo od.de • So.–Do. 17.58–1 Uhr, Fr./Sa. 17.58–2 Uhr

38 KuCaf Jazz, Blues, Klassik, Kabarett, Theater, Lesungen und Ausstellungen sind die Extras zum Kneipen- und Cafébetrieb. Otto-von-Guericke-Straße 54 • Tel.: 0391 5976949 • www.ku caf-md.de • Mo.–So. ab 18 Uhr

39 Liebig Ab 10 Uhr bis open end gibt es hier gepflegt was zu essen und zu trinken. Jeden Sonntag wird ab 10 Uhr gebruncht. Liebigstraße 3 • Tel.: 0391 5556754 • www.liebig-lounge. de • Mo.–So. ab 10 Uhr

40 Likido Lounge Kleine Wohlfühloase am Rande des betriebsamen Hasselbachplatzes. Do. bis Sa. Ladys Night mit halben Preisen für alle Cocktails. Hasselbachplatz 5 • Tel.: 0391 5557957 • Mo.–Sa. ab 10 Uhr

41 M2 Beliebte Bar direkt am Hasselbachplatz im Kaffeehausstil und die Szenekneipe schlechthin. Otto-von-Guericke-Straße 56 • Tel.: 0391 5556837 • Mo.–Fr. ab 11 Uhr, Sa. ab 15 Uhr, So. ab 9.30 Uhr

42 Molls Laden Die Szenekneipe eröffnete nach 1989 in einem früheren Delikatessengeschäft. Essen, Trinken und Livemusik. Gellertstraße 1 • Tel.: 0391 7335834 • www.mollsladen.de • Do.–Sa. ab 20 Uhr

43 Moonlight Beliebte Studentenkneipe in der Nähe der Universität mit Tresen aus alten Fässern: Leckere Cocktails. Ernst-Lehmann-Straße 16 • Tel.: 0391 5556785 • Mo.–Sa. ab 18.30 Uhr

44 One! Cocktailbar mit über 70 Cocktails. Beliebt sind die Karaoke-Abende. Leiterstraße 1a • Tel.: 0391 5443593 • www.one-md.de • Mo./Di. ab 19 Uhr, Do.–So. ab 19 Uhr

45 Riff Freunde des Riffs schwören auf die entspannte Atmosphäre in der gemütlichen Kneipe. Außerdem gibt es leckeres Essen. Sternstraße 29 • Tel.: 0391 5315647 • www.nurfuerfreunde. net • Mo.–So. ab 18 Uhr

46 Stern Beliebt unter Studenten und anderen jungen Leuten, gemütliche Einrichtung mit äußerst bequemen Sitzmöbeln. Sternstraße 9 • Tel.: 0173 5802219 • www.stern-bar.de • Mo.–Sa. ab 19 Uhr, So. ab 20 Uhr

47 The Lion English Pub, dementsprechend gutes Angebot an Bier von der Insel und ebensolchen Speisen. Halberstädter Straße 137 • Tel.: 0391 6201774 • Mo.–So. ab 18 Uhr

48 UrBar Bar mit Livemusik im Souterrain eines wunderschönen Gründerzeithauses. Im Sommer kann man auch draußen sitzen. Sternstraße 29 • Tel.: 0176 21773125 • www.urbar-web.de • Mo.–So. ab 18 Uhr

49 Zobi Eingerichtet im Countrystil, gibt es hier ab und an Livemusik. Manches Mal greifen auch die Gäste zu den Musikinstrumenten. Arndtstraße 40 • Tel.: 0391 7331885 • www. zobi.de • Mo.–So. ab 18 Uhr

▶ Die wiederaufgebaute Johanniskirche wird für Veranstaltungen genutzt

EINKAUFEN

Magdeburg ist auch eine Einkaufshauptstadt. Gleich zwei große Einkaufscenter, das Allee-Center und das City Carré, locken die Besucher in die Innenstadt. Hier sind die gängigen Ketten vertreten. Von Schuhen über Kosmetik bis hin zu Oberbekleidung kann man alles finden. Wer es lieber individueller und exklusiver mag, für den sind die kleinen Geschäfte in und um die Altstadt herum genau das Richtige. Auch hier verspricht ein breites Spektrum an Läden maximale Shoppinglust.

ESSEN, TRINKEN UND NASCHEN

1 Abtshof-Kutscherhaus Im sogenannten Kutscherhaus der 1924 gegründeten Spezialitätendestillerie gibt es Spirituosen und Geschenkideen zu günstigen Preisen im Werksverkauf. Karl-Schmidt-Straße 13 b • Tel.: 0391 4051520 • www.abtshof.de • Di.–Mi. 11–16 Uhr, Fr. 11–18 Uhr

2 Bärenland Das kleine Lädchen wartet mit einem verführerischen Angebot aus dem Fruchtgummiparadies auf. Wer den Laden einmal betreten hat, findet immer Gründe zu einem nächsten Besuch. Breiter Weg 201 • Tel.: 0391 5556719 • www.baerenland.de • Mo.–Fr. 11–18 Uhr, Sa. 10–13 Uhr

3 Bottle & Pipe Das traditionsreichste Magdeburger Fachgeschäft für Spirituosen und Wein, Tabak, Pfeifen, Zigarren und Raucherzubehör. Hartstraße 1 • Tel.: 0391 5414234 • www.bottle-and-pipe.de • Mo.–Fr. 10–19.30 Uhr, Sa. 10–18 Uhr

4 Gewürz- und Teehaus Magdeburg Gewürze, Kräuter und Tees individuell ausgewählt und gemischt. Dazu gibt es alles, was diesen Genuss erst schön macht. Alter Markt 2 • Tel.: 0391 5414846 • www.teehausmagdeburg.de • Mo.–Fr. 9–18 Uhr, Sa. 9–14 Uhr

5 Röstfein-Werkshop Die große ostdeutsche Kaffeemarke – traditionsreiche Kaffeemanufaktur seit 1908 – gleich beim Hersteller kaufen. Hafenstraße 9 • Tel.: 0391 568310 • www.roestfein.de • Mo.–Do. 10–16 Uhr, Fr. 10–14 Uhr

6 Vom Fass Anbieter von herausragenden Produkten mit regionalem Bezug. Essig, Öl, Wein, Spirituosen und mehr. Breiter Weg 214 • Tel.: 0391 5313140 • www.vomfass.de • Mo.–Fr. 10–18 Uhr, Sa. 10–13 Uhr

KUNST UND KREMPEL

7 **Antiquitäten am Dom** Überliefertes aus Großvaters Zeiten: Gemälde, Glas, Lampen, Leuchter, Porzellan, Keramik, Uhren und Schmuck, Magdeburgensia. Bärstraße 9 • Tel.: 03 91 4004637 • www.antiquitaeten-ro senkranz.de • Mo.–Fr. 13–18 Uhr, Sa. 10–15 Uhr

8 **ArtDepot** Ausstellungen zu den Themen Malerei, Videoinstallation, Glas und Keramik, Skulpturen, Grafiken und Performance. Arbeiten vieler internationaler Künstler. Große Diesdorfer Straße 200 a • Tel.: 0391 24358172 • www.artdepot-magde burg.de • Mo.–Fr. 10–18 Uhr

9 **Atelierhaus Gabriele Putz** Unikate Schmuckgestaltung und in historischer Goldschmiedetechnik hergestellter Schmuck sind die Spezialitäten der bekannten Diplom-Schmuckkünstlerin Gabriele Putz. Ammensleber Straße 4 • Tel.: 0391 7391398 • www.putz-schmuck.de • nach Absprache

10 **Buchhandlung Fritz Wahle** Kleine, aber feine Buchhandlung in Familienbesitz, die schon 1841 gegründet wurde. Hin und wieder auch noch verlegerisch tätig, verfügt die Buchhandlung über das größte Angebot an Magdeburg-Literatur in der Stadt. Breiter Weg 174 • Tel.: 0391 5435740 • Mo.–Fr. 9.30–19 Uhr, Sa. 9.30–14 Uhr

11 **Burg-Galerie** Ursprünglich als Galerie der Kunsthochschule Burg Giebichenstein gegründet, bietet die Galeristin Waltraud Farr Keramik, Schmuck, Kunsthandwerk, Grafik, Malerei und Plastik namhafter Künstler an. Ulrichplatz 4 • Tel.: 0391 5431027 • www.burggalerie-magdeburg.de • Mo.–Fr.10–19 Uhr, Sa. 10–16 Uhr

12 **Fabularium** (In der Grünen Zitadelle) Die Buchhandlung mit kleiner Galerie versteht sich als „Fachgeschäft für wohlsortierte Buchstaben". Der Laden führt ein kleines, aber von der Inhaberin sorgfältig ausgesuchtes Buchangebot – Belletristik, Kinderbücher, Kochbücher, Lyrik, Garten und Naturheilkunde. Eine gemütlichen Sofaecke lädt zum Probelesen ein. Breiter Weg 10 a • Tel.: 0391 2803988 • www.fabularium.de • Mo.–Sa. 10–18 Uhr, So. 11–17 Uhr

13 **Galerie 100** (In der Grünen Zitadelle) Damenmode, Schmuck-Unikate und Kunst. Breiter Weg 10 • Tel.: 0391 2585618 • Di.–Fr. 11–16 Uhr, Sa. 10–16 Uhr

14 **Galerie Himmelreich** Traditionsreichste Magdeburger Galerie, getragen vom Verein Freunde des Himmelreichs. Im monatlichen Wechsel werden zeitgenössische Kunstwerke aus Malerei, Grafik, Plastik und Kunsthandwerk gezeigt. Breiter Weg 213/ Ecke Danzstraße • Tel.: 0391 5430114 • www.galerie-himmelreich.de • Di.–Fr. 12–18 Uhr, Sa. 10–13 Uhr

15 **Galerie Life** (In der Grünen Zitadelle) Kreative Mode und Accessoires, Textil- und Wolldesign, Bilder, Designerschmuck, Malerei und Keramik in monatlich wechselnden Ausstellungen. Breiter Weg 8–10 a • Tel.: 0391 6966127 • www.querstyle.de • Mo.–So. 10–18 Uhr

16 **Galerie Süd** Die Galerie zeigt im Kulturzentrum Feuerwache vor allem

Malerei, Grafik, Plastik und Textiles von Magdeburger und sachsen-anhaltischen Künstlern. Halberstädter Straße 140 • Tel.: 0391 602809 • www.feuerwachemd.de • Di.–Fr. 10–18 Uhr

17 Goldschmiede Wolfgang Krietsch (In der Grünen Zitadelle) Werkstatt und Schauwerkstatt in einem. Es ist ausdrücklich erwünscht, dass Kunden bei der Anfertigung des Schmucks zusehen. Breiter Weg 10 • Tel.: 0391 5632941 • www.goldschmiede-krietsch • Mo.–Fr. 10–19 Uhr, Sa. 10–16 Uhr

MALEREI & KERAMIK

18 Susanne und Dieter Hagemann Selbst gestaltete Keramik direkt aus der Werkstatt. Zielitzer Straße 18 • Tel.: 0391 2448643 • Mo.–Fr. 14–19 Uhr

19 Papeterie – feine Schreibwaren und Geschenke (In der Grünen Zitadelle) Ein Brief, geschrieben auf echtem italienischen Papier, fördert Stil und Phantasie. Die Papeterie bietet alles, was die Art of Writing förderlich ist. Eine Fundgrube für originelle Mitbringsel. Breiter Weg 8 • Tel.: 0391 5353774 • www.papeterie-md.de • Mo.–Sa. 10–18 Uhr

20 Rayon Schmuckwerkstatt Schmuckkünstler Gerfried Kliems fertigt in seiner Werkstatt in einem alten Rayonhaus Ringe, Ketten und andere Schmuckstücke, alles Unikate. Wielandstraße 10 • Tel.: 0391 6628813 • www.rayon-schmuckwerkstatt.de • Di./Do. 11–18 Uhr, Mi./Fr. 11–16 Uhr

21 Rosenstolz (In der Grünen Zitadelle) Im Innenhof des Hunterwasserhauses gibt es gleich zwei Mal Rosenstolz. Ein Shop bietet kreative Floristik, der andere Geschenke und schöne Dinge für die Wohnung, etwa Kunst, Keramik oder Kerzen. Vieles kommt aus eigener Werkstatt. Breiter Weg 10–10 a • Tel.: 0391 5693904 • www.rosenstolz-magdeburg.de • Mo.–Fr. 8–18 Uhr, Sa./So. 10–18 Uhr

22 Uhren-Meyer, Inhaber Goldschmiedemeister Wolfgang Krietsch Eine der bekanntesten Magdeburger Adressen für hochwertigen Schmuck und Uhren. Über dem Geschäft erklingt in regelmäßigen Abständen ein Glockenspiel. Halberstädter Straße 121 • Tel.: 0391 6224911 • www.uhren-meyer • Mo.–Fr. 9–18 Uhr, Sa. 9–12 Uhr

23 Wohnen und leben (In der Grünen Zitadelle) Der Name ist Programm. Hier gibt es Dinge, die das Leben und das Wohnen schöner machen, etwa französische Tischwäsche oder handgefertigtes Porzellan aus Südafrika oder Alabasterlampen aus Spanien. Breiter Weg 10 • Tel.: 0391 5342426 • www.wohnenundleben-thies.de • Mo.–Sa. 10–18 Uhr, So. 11–16 Uhr

MODE UND MEHR

24 Allee-Center Hier tummeln sich verschiedene Geschäfte von der Drogerie über Mode bis zum Buchladen. Ernst-Reuter-Allee 11 • Tel.: 0391 5334433 • www.allee-center-magdeburg.de • Mo.–Do. 9.30–20 Uhr, Fr. 9.30–22 Uhr, Sa. 9.30–20 Uhr

25 Classic M. Modehaus für Magdeburgs Damen. Ernst-Reuter-Allee 11 • Tel.: 0391 5312749 • Mo.–Fr. 10–19 Uhr, Sa. 10–18 Uhr

26 **First Lady** Großes Angebot für figur- und modebewusste Frauen ab Konfektionsgröße 44. Ernst-Reuter-Allee 24 • Tel.: 0391 59776370 • www.firstlady-md.de • Mo.–Fr. 10–18.30 Uhr, Sa. 10–16 Uhr (Mai–Sept.)/10–14 Uhr (Juni–Aug.)

27 **Flora-Park** Flächengrößtes überdachtes Shoppingcenter des Landes. Olvenstedter Graseweg 37 • Tel.: 0391 25443237 • www.flora-park.de • Mo.–Do. 9–20 Uhr, Fr. 9–21 Uhr, Sa. 9–20 Uhr

28 **Harlem Shop** Der Magdeburger Ausstatter für die Streetwear- und Hip-Hop-Szene mit frischer Mode. Der Shop führt ein reichhaltiges Markenangebot – von Amstaff bis Zoo York. Ernst-Reuter-Allee 20 • Tel.: 0391 5632664 • www.harlem-magdeburg.de • Mo.–Fr. 11–20 Uhr, Sa. 10–18 Uhr

29 **La Boutique Pfofe** Sportlich-elegante Damen- und Festtagsmode. Ernst-Reuter-Allee 18 • Tel.: 0391 5435176 • www.la-boutique-pfofe.com • Mo.–Fr. 9–19 Uhr, Sa. 9–18 Uhr

30 **Mrs. Hippie** Alternative Mode, die überwiegend aus europäischen Materialien selbst hergestellt wird und ökologischen Ansprüchen entspricht. Arndtstraße 34 • Tel.: 0391 6224945 • www.hippie.de • Mo.–Fr. 10–18.30 Uhr, Sa. 10–16 Uhr

31 **Schreiber & Sundermann** Der traditionsreiche Magdeburger Herrenausstatter führt in seinem Geschäft in Domnähe hochwertige Herrenbekleidung. Regierungsstraße/Ecke Bärstraße • Tel.: 0391 5430911 • www.schreiber-sundermann.de • Mo.–Fr. 9.30–19 Uhr, Sa. 9.30–15 Uhr

32 **Schuhhaus Ehrhard** Das Schuhgeschäft mit besonderen Angeboten und persönlichem Service. Breiter Weg 32–34 • Tel.: 0391 597776 • Mo.–Fr. 9.30–18.30 Uhr, Sa. 9.30–16 Uhr

33 **Stuff** Markenkleidung von Armani, Boss, D & G und mehr. Regierungsstraße 24 • Tel.: 0391 5976793 • www.stuff-magdeburg.de • Mo.–Do. 9.30–20 Uhr, Fr. 9.30–22 Uhr, Sa. 9.30–20 Uhr

34 **Ute Müller** Das Geschäft führt ein exklusives Angebot von Miederwaren. Breiter Weg 189 • Tel.: 0391 5208581 • Mo.–Fr. 10–18.30 Uhr, Sa. 10–16 Uhr

ÜBERNACHTUNG

Wer mehr als nur einen Tagesausflug in die Landeshauptstadt plant, braucht einen Platz zum Schlafen. Das Magdeburg ein touristisches Ziel ist, merkt man schon an der breiten Spanne an möglichen Unterkünften. Wer Luxus schätzt, kann sich im Sterne-Hotel zur Ruhe betten. Wer es lieber etwas familiärer mag, für den empfehlen sich die oft sehr zentral gelegenen Pensionen. Sparfüchse können hier ein günstiges Plätzchen ergattern. Natürlich gibt es auch eine Jugendherberge.

HOTELS

1 **Historisches Herrenkrug Parkhotel** (DZ ab 70 €) Das Hotel verfügt über 147 Zimmer, davon 100 Doppelzimmer, 26 Einzelzimmer und 21 Suiten. Alle Zimmer sind überdurchschnittlich groß und vielfältig in Architektur und Design ausgestattet. Die meisten Zimmer bieten einen idyllischen Parkblick. Herrenkrug 3 • Tel.: 0391 85080 • www.herrenkrug.de • 🛏 🚶 ♿ 🛁

2 **Hotel Ratswaage** (DZ ab 80 €) Das Hotel Ratswaage liegt zentral im Herzen der Elbestadt. 174 gut ausgestattete Zimmer mit Minibar. Weiterhin stehen behindertengerechte Zimmer und Nichtraucherzimmer zur Verfügung. Ein umfangreicher Freizeitbereich mit Pool, Sauna und Fitness ergänzt das Angebot. Raatswaageplatz 1–4 • Tel.: 0391 59260 • www.ratswaage.de • 🛏 🚶 ♿ 🛁

3 **Maritim Hotel** (DZ ab 95 €) 514 elegant eingerichtete Zimmer, Studios und Suiten. Außerdem gibt es behindertengerechte und Nichtraucherzimmer. Weiterhin stehen den Gästen zwei Restaurants, Pianobar, Hotelhalle Galerie, Hallenschwimmbad, Saunen, Solarium, Fitnessbereich und Tagungsräumlichkeiten zur Verfügung. Otto-von-Guericke-Straße 87 • Tel.: 0391 59490 • www.maritim.de • 🛏 🚶 ♿ 🛁

4 **Ramada Hotel Magdeburg** (DZ ab 60 €) Ruhig im Hansapark gelegen und nur 15 Autominuten vom historischen Zentrum der Stadt entfernt. Das Haus bietet 243 komfortabel ausgestattete Zimmer, ein Seepark-Restaurant, eine Tages- sowie Tanzbar und Top-Fit-Club mit Lagunenschwimmbad, Sauna und Fitnessbereich. Hansapark 2 • Tel.: 0391 63630 • www.ramada.de • 🛏 🚶 ♿ 🛁

5 **Residenz Joop** (DZ ab 110 €) Ruhige Villenlage im Stadtzentrum Süd, von parkähnlichem Baumbestand umgeben, nur fünf Minuten Taxifahrt vom Hauptbahnhof entfernt.

Liebevoll eingerichtete Zimmer mit modernem Komfort. Behinderten-freundliche Zimmer vorhanden. Jean-Burger-Straße 16 • Tel.: 0391 62620 • www.residenzjoop.de • 🛏️ 🚹 bedingt geeignet: ♿

6 **Best Western Hotel „Geheimer Rat"** Z (DZ ab 80 €) Zentrumsnah an einer Parkanlage gelegen. Schon beim ersten Eintreten bestechen Foyer und Gasträume durch ihre persönliche Note. Den Gast erwartet ein freundliches Ambiente in 65 komfortablen Zimmern. Mit Restaurant und Sauna. Goethestraße 38 • Tel.: 0391 73803 • www.geheimer-rat.bestwestern.de

7 **InterCityHotel Magdeburg** (DZ ab 95 €) Citylage, nur 100 Meter vom Hauptbahnhof, freundlich-modernes 3-Sterne-Haus. 170 Gästezimmer, 5 Suiten, Nichtraucherzimmer. Zudem gibt es Restaurant, Bistro, Hotelbar, Gartenterrasse, 5 Konferenzräume, Business Corner, Parkplätze. Der Zimmerausweis des Hotels berechtigt zur kostenfreien Nutzung der öffentlichen Verkehrsmittel des Nahverkehrs (Bus und Straßenbahn). Bahnhofstraße 69 • Tel.: 0391 59620 • www.intercityhotel.com/magdeburg • 🛏️ 🚹 ♿

8 **Plaza-Hotel Magdeburg** (DZ ab 80 €) Die ruhig gelegenen und individuell eingerichteten Zimmer bieten besten Komfort. Das Hotel hat 100 Zimmer und 4 Suiten (darunter 1 behindertengerechtes Zimmer, 3 Allergikerzimmer sowie 2 Nichtraucheretagen). Die Zimmer sind im englischen Landhausstil eingerichtet. Eine Sauna steht kostenlos zur Verfügung. Halberstädter Straße 146–150 • Tel.: 0391 60510 • www.plazahotelmagdeburg.de

9 **City Hotel** (DZ ab 65 €) 10 Zimmer mit Frühstück zum günstigen Preis in familiärer Atmosphäre. Günstige Innenstadtlage, kurze Wege! Konrad-Adenauer-Platz 1 • Tel.: 0391 7448888 • www.cityhotel-magdeburg.de

10 **Classik Hotel Magdeburg** (DZ ab 70 €) Das Hotel liegt abseits vom hektischen Treiben einer Großstadt an der südlichen Stadtgrenze der Landeshauptstadt, eingebettet in die landschaftlich schöne Börde. 10 Autominuten bis zur Magdeburger City. 109 rundum ausgestattete Komfortzimmer mit Minibar. Leipziger Chaussee 141 • Tel.: 0391 62900 • www.classik-hotel-collection.com • 🚹 ♿ ♿

11 **Hotel „ELBRIVERA GmbH Alt Prester"** (DZ ab 65 €) Nur fünf Autominuten vom Zentrum entfernt, auf zwei Etagen 4 Einzelzimmer und 26 Doppelzimmer. Alle Zimmer sind mit einer Minibar ausgestattet. Alt Prester 102 • Tel.: 0391 81930 • www.hotel-elbrivera.de

12 **Hotel Scivias** (DZ ab 50 €) In der unmittelbaren Nachbarschaft der Universitätsklinik. Alle 14 Zimmer sind mit hellen Möbeln sehr komfortabel und dezent eingerichtet. Fermersleber Weg 71 • Tel.: 0391 625260 • www.hotel-scivias.de

13 **Hotel Stadtfeld** (DZ ab 85 €) Komfort und Service im Herzen der Stadt. Die insgesamt 46 Zimmer sind u. a. mit Safe und Schreibtisch ausgestattet. Cocktailbar rund um die Uhr. Maxim-Gorki-Straße 31–37 • Tel.: 0391 506660 • www.hotelstadtfeld.de • 🚹 ♿ bedingt geeignet: ♿

14 **Hotel und Gasthaus „Zum Lindenweiler"** (DZ ab 55 €) Das kleine

Hotel mit 15 freundlichen Zimmern liegt in einem ruhigen Wohnviertel. Zum Haus gehört ein wunderschöner Biergarten. An kühleren Tagen lädt ein Wintergarten zum Sitzen ein. Vogelbreite 27 • Tel.: 0391 7219545 • www.hotel-zum-lindenweiler.de

15 Hotel sleep & go (EZ/DZ ab 50 €) Zentrumsnah in der Alten Neustadt zwischen dem Handelshafen und der Otto-von-Guericke-Universität. Das Messegelände ist nur drei Kilometer vom Hotel entfernt. Alle Zimmer haben Naturholzeinrichtung. Kostenlose Parkplätze, Haustiere erlaubt. Rogätzer Straße 5 a • Tel.: 0391 537791 • www.hotel-magdeburg.de

16 artHotel (DZ ab 109 €) Magdeburgs jüngstes Hotel in der Grünen Zitadelle wirbt als freundlichstes Hotel der Stadt, Frühstück ans Bett inklusive. Breiter Weg 8–10 • Tel.: 0391 620780 • http://arthotel-magdeburg.de

PENSIONEN

17 Pension am Krug (DZ ab 50 €) Ländliche Gemütlichkeit am Magdeburger Stadtrand. Einzel- und Doppelzimmer mit komfortabler Einrichtung, Dusche und WC. Aufbettung möglich! Gut erreichbar durch Autobahnnähe. Krugstraße 8 • Tel.: 0174 1636369 • www.pension-am-krug.de

18 Pension Lüder (DZ ab 45 €) Modern ausgestattete Zimmer am ländlichen Stadtrand. Zum reichhaltigen Frühstück gibt es Brötchen aus der eigenen Bäckerei, zur Kaffeezeit Kuchen im eigenen Café. Alt Prester 71–73 • Tel.: 0391 55756110 • www.pension-lueder.de

19 Pension und Hotel „Am Sudenburger Hof" (DZ ab 60 €) Kleine Hotelpension im historischen Sudenburg mit ruhigen Zimmern. Kurzer Weg ins Zentrum. Wolfenbütteler Straße 67 • Tel.: 0391 6119999 • www.am-sudenburger-hof.de

20 Pension „Alte Wache" (DZ ab 60 €) Pension im Erdgeschoss und im 1. Obergeschoss eines liebevoll restaurierten Gründerzeithauses. Alle Zimmer mit Dusche und Wanne. Frühstück. Brandenburger Straße 2 • Tel.: 0391 5639 166 • www.magdeburg-altewache.de

21 Gästehaus am City-Carré (DZ ab 25 €) Pension im früheren Hotel „Grüner Baum". Familienbetrieb mit freundlichem Service. Das historische Gebäude befindet sich direkt im Zentrum. Ernst-Reuter-Allee 40 • Tel.: 0391 53 2230 • www.gaestehaus-citycarre.de

22 Pension Adam (DZ ab 40 €) Gemütlich eingerichtete Zimmer mit Bad und Dusche, Kühlschrank, TV, Internetzugang, Telefon und Frühstücksangebot. Adolfstraße 5–6 • Tel.: 0391 4015030 • www.pension-adam.de

23 Pension Schulze (DZ ab 45 €) Einzel- und Doppelzimmer mit Dusche

ÜBERNACHTUNGS-HINWEISE

Tourist-Information Magdeburg Ernst-Reuter-Allee 12 • Tel.: 0391 8380404 • zimmervermittlung@magdeburg-tourist.de • www.magdeburg-tourist.de

Magdeburger Tourismusverband Elbe-Börde-Heide e.V. Domplatz 1 b • Tel.: 0391 738790 • www.regionmagdeburg.de

und WC sowie TV. Frühstück (5 Euro)
auf Anfrage möglich. Pechauer Straße 16 • Tel.: 0391 85 75 92 • www.pen
sion-schulze-magdeburg.de

JUGENDUNTERKÜNFTE

24 Jugendherberge Magdeburg
(Ü ab 20 €) Die Jugendherberge in
Magdeburg zählt zu den moderns-
ten bundesweit. Auf vier Etagen stehen den Gästen insgesamt 68 Zimmer mit 236 Betten zur Verfügung.
Alle Zimmer sind mit Dusche und WC
ausgestattet. Außerdem gibt es 8 roll-
stuhlfahrergerechte Zimmer. Preise
inklusive Frühstück. Leiterstraße 10 •
Tel.: 0391 5321010 • www.jugendher
berge-in-magdeburg.de •

KULTUR UND FREIZEIT

Kulturinteressierte können aus einer Vielzahl von Möglichkeiten auswählen. Die Magdeburger Bühnen bieten in drei Häusern Schauspiel, Ballett und Opern für alle Altersklassen. Das Puppentheater, Kabaretts und Konzertbühnen warten ebenfalls auf Gäste. Museumsgänger können sich u.a. über das Leben der beiden berühmtesten Magdeburger informieren oder ihre Kunstkenntnisse auffrischen. Im Sommer locken Parks und Freibäder zur sportlichen Betätigung. Nachts wird natürlich auch gefeiert – egal ob zu aktueller Musik oder Jazz. Ruhige Abende lassen sich in den Bars oder im Literaturhaus verbringen.

MUSEEN UND SAMMLUNGEN

1 Kulturhistorisches Museum Zählt zu den bedeutendsten musealen Einrichtungen im Land Sachsen-Anhalt. Es verfügt über umfangreiche archäologische Sammlungen sowie einen großen Bestand Mittelalter, Frühe Neuzeit und Neuzeit. Weiterhin ständige Ausstellungen, etwa Magdeburger Silberschmiedekunst, Anfänge deutscher Geschichte, Otto der Große und Magdeburg, sowie wechselnde Ausstellungen. Otto-von-Guericke-Straße 68–73 • Tel.: 0391 5403501 • www.khm-magdeburg.de • Di.–So. 10–17 Uhr

2 Kunstmuseum im Kloster Unser Lieben Frauen Das Kunstmuseum Kloster Unser Lieben Frauen ist das äl-

teste erhaltene Bauwerk Magdeburgs und zugleich wichtigster Ausstellungsort für Gegenwartskunst und Skulptur in Sachsen-Anhalt. Regierungsstraße 4–6 • Tel.: 0391 565020 • www.kunstmuseum-magdeburg.de • Di.–So. 10–17 Uhr

3 Museum für Naturkunde Sammelschwerpunkte des ältesten Museums der Landeshauptstadt sind die Gebiete der Geologie, Mineralogie, Paläontologie sowie Botanik und Zoologie im heutigen Land Sachsen-Anhalt mit gelegentlichen Abstechern in andere Klimaregionen der Erde. Otto-von-Guericke-Straße 68–73 • Tel.: 0391 5403535 • www.nwv-1869.de • Di.–So. 10–17 Uhr

4 Otto-von-Guericke-Museum Das Museum wurde im Juni 1995 in der Lukasklause Magdeburg eröffnet. Die ständige Ausstellung ist Leben und Werk Otto von Guerickes gewidmet. Auf zwei Etagen werden sein Leben,

◀ Das Foucaultsche Pendel im Jahrtausendturm im Elbauenpark

sein Wirken als Kommunalpolitiker und seine naturwissenschaftlichen Arbeiten in Wort, Bild und durch originalgetreue und funktionstüchtige Nachbauten sowie moderner Experimente dargestellt. Schleinufer 1 • Tel.: 0391 6716987 • www.uni-magdeburg.de/org/ovgg • www.otto-von-guericke.de • Di.–So. 10–17 Uhr

5 **Technikmuseum** In dem 1995 eröffneten Museum werden neben Antriebs-und Werkzeugmaschinen auch Objekte aus den Bereichen Drucktechnik, Schließtechnik und Verkehr sowie eine Posamentier- und Schuhmacherwerkstatt gezeigt. Dodendorfer Straße 65 • Tel.: 0391 6223906 • www.technikmuseum-magdeburg.de • Di.–So. 10–17 Uhr

6 **Historische Schiffsmühle am Petriförder** Um sich über Wirkungsweise und Geschichte der Schiffsmühlen in Magdeburg zu informieren, schaut man in der Historischen Schiffsmühle vorbei. Schleinufer 1 • Tel.: 0391 56390980 • www.magdeburg-tourist.de • April–Okt. Di.–So. 10–17 Uhr

7 **Elbeschleppdampfer „Württemberg"** Seit 1974 informiert im Innern des Dampfers eine Ausstellung über die Elbeschifffahrt. Heinrich-Heine-Platz, Stadtpark • Tel.: 0391 5628992 • www.magdeburg-tourist.de • März–Nov. Di. 14–17 Uhr, Sa./So. 11–17 Uhr

KONZERT, THEATER, KLEINKUNST

8 **Johanniskirche** Klassische und Jazz-Konzerte sowie die „Vollmondnacht". Johannisbergstraße 1 • Tel.: 0391 5934450 • www.mvgm.de

9 **Konzerthalle „Georg Philipp Telemann"** Die Konzerthalle befindet sich im Kloster Unser Lieben Frauen. Verschiedenste Formen der Kammermusik, Chormusik und Chorsinfonik nehmen einen breiten Raum innerhalb des Konzertangebotes ein. Regierungsstraße 4–6 • Tel.: 0391 5406767 • www.gesellschafts haus-magdeburg.de

10 **Die Kugelblitze** Die Magdeburger Zwickmühle ist seit 2009 die Spielstätte von drei Vollblutkabarettisten, die die bereits 30-jährige Tradition der Kugelblitze fortführen. Leiterstraße 2 a • Tel.: 0391 5414426 • www.kugel blitze.de

11 **Kulturzentrum Feuerwache** Im einstigen Gebäude der Sudenburger Berufsfeuerwache finden Konzerte, Tanz, Ausstellungen, Lesungen oder Vorträge statt. Der „Blaue Salon" wird vornehmlich für Theater- und Kabarettaufführungen genutzt. Im Café Hirsch mit Bar, mehreren gemütlichen Sitzecken und einer kleinen Bühne gibt es kleinere Konzerte und Jam Sessions. Halberstädter Straße 140 • Tel.: 0391 602809 • www.feuerwache-md.de

12 **Magdeburgische Philharmonie** Aufführungen großer klassischer und sinfonischer Werke. Universitätsplatz 9 • Tel.: 0391 6555 • www.thea ter-magdeburg.de

13 **Magdeburger Zwickmühle** Die Magdeburger Zwickmühle ist ein Haus mit gemütlicher Kneipenatmosphäre, in dem der Stil des scharfen politisch-satirischen Kabaretts gepflegt wird. Die Zwickmühle ist weit über die Landesgrenzen Sachsen-Anhalts bekannt, auch durch die mdr-Fernsehsendung „Die 3 von der Zankstelle" (1999–2009). Leiterstraße 2 a • Tel.: 0391 5414426 • www.magdeburger-zwickmuehle.de

14 NACH HENGSTMANNS Originelles Magdeburger Familienkabarett, dessen Anführer der altgediente Magdeburger Kabarettist Frank Hengstmann ist. Auch zu Wort kommen seine Söhne Sebastian und Tobias. Breiter Weg 37 • Tel.: 0391 4025540 • www.hengstmanns.de

15 Opernhaus Das Opernhaus mit Ballett und Philharmonie hält von der großen Oper bis zum Literaturballett vielfältigste Veranstaltungen auf verschiedenen Bühnen bereit. Universitätsplatz 9 • Tel.: 0391 5406500 • www.theater-magdeburg.de • Vorverkauf: Mo.–Fr 10–19.30 Uhr, Sa. 9.30–19.30 Uhr, Abendkasse ab 1 Stunde vor Veranstaltungsbeginn

16 Puppentheater der Stadt Magdeburg Das Repertoire des Theaters wendet sich in erster Linie an Kinder, es gibt aber auch Inszenierungen für Erwachsene. Warschauer Straße 25 • Tel.: 0391 5403310 • www.puppentheater-magdeburg.de • Vorverkauf: Di.–Do. 10–18 Uhr, Fr. 10–16 Uhr, Sa./So. 1 Stunde vor Vorstellungsbeginn

17 Schauspielhaus Inszenierungen zeitgenössischer in- und ausländischer Dramatik, oft Ur- und Erstaufführungen. Otto-von-Guericke-Straße 64 • Tel.: 0391 5406500 • www.theater-magdeburg.de • Abendkasse ab 1 Stunde vor Veranstaltungsbeginn

18 Theater an der Angel Theaterabende in der besonderen Atmosphäre dieser kleinen Bühne bieten vor allem komödiantische, oft aber auch nachdenklich stimmende Stücke. Zollstraße 19 • Tel.: 0391 5556555 • www.theater-an-der-angel.de • Vorverkauf: Di./Do. 11–19 Uhr

KINO

19 CinemaxX Magdeburg Multiplex-Kino mit neun Sälen direkt gegenüber dem Hauptbahnhof. Kantstraße 6 • Tel.: 0391 59900 • www.cinemaxx.de • 🛈 ♿

20 Village Cinemas In den klimatisierten Sälen werden von früh bis spät die neuesten Streifen gezeigt. Am Pfahlberg 5 • Tel.: (0391) 25 52 50 • www.cinestar.de • 🛈 ♿

21 Studiokino Intimes Filmtheater mit besonderem Flair und ausgefallenen Angeboten. Moritzplatz 1 • Tel.: 0391 2564950 • www.studiokino.com

22 Oli Lichtspiele Magdeburg Das Programm widmet sich dem kleinen, anspruchsvollen Film, der Filmbildung und dem Filmnachwuchs. Olvenstedter Straße 25 • Tel.: 0171 3175484 • www.oli-kino.de

LESEN

23 Literaturhaus Magdeburg Das Literaturhaus Magdeburg liegt im historischen Stadtteil Buckau, wo einst die großen Maschinenbaubetriebe der Stadt konzentriert waren. Das Literaturhaus organisiert u. a. Autorenlesungen, literarische Vorträge und Abende und die Magdeburger Literaturwochen. Es beherbergt zwei ständige Ausstellungen über das Leben und Werk von Georg Kaiser (1878–1945) sowie Erich Weinert (1890–1953). Thiemstraße 7 • Tel.:

0391 4044995 • www.literaturhaus-magdeburg.de. • Mo.–Fr. 10–12/14–17 Uhr und zu den Veranstaltungen

24 **Stadtbibliothek** Vielseitiges Angebot zur Information, Fortbildung, Unterhaltung und Freizeitgestaltung. In der Zentralbibliothek, den drei Stadtteilbibliotheken und der Fahrbibliothek stehen den Nutzern rund 370.000 Bücher, Zeitungen, Zeitschriften, Noten, Karten, Hörbücher, CDs, DVDs, CD-ROM und Schallplatten zur Verfügung. Breiter Weg 109 • Tel.: 0391 5404880 • www.stadtbibliothek.magdeburg.de • Mo.–Fr. 10–19 Uhr, Sa. 10–13 Uhr

LIVEMUSIK UND TANZLOKALE

25 **Boys'n'Beats** Der Club für Gays und Friends in Magdeburg: Flirten, Tanzen und Spaß haben bei ständig wechselnden Aktionen sowie speziellen Programmen. Liebknechtstraße 89 • Tel.: 0173 2398011 • www.boysnbeats.de • Mi.–Sa. ab 20 Uhr

26 **Factory** Hier treten viele Bands auf, freitags Alternative Dance Night, sonst wechselndes Programm sowie Special Partys. Karl-Schmidt-Straße 26–29 • Tel.: 0391 4018892 • www.dominonclub.de • Fr./Sa. 22–5 Uhr, Konzerte ab 19 Uhr

27 **Flowerpower** Treffpunkt für studentisches Publikum in entspannter und lockerer Atmosphäre. Hier gibt es Disco, Party, Konzerte, Karaoke. Breiter Weg 252 • Tel.: 0391 5039548 • www.flowerpower.eu • Mo.–So. ab 19 Uhr

28 **FIRST** Moderner Mix aus Lounge und Club in einem Gewölbe aus dem 12. Jahrhundert. Alter Markt 13 • Tel.: 0391 5975027 • www.first-md.de • Fr.–Sa. ab 21 Uhr

29 **Triebwerk Magdeburg** Disko und Livemusik auf dem Gelände einer 1905 gegründeten Fabrik. Öffnungszeiten je nach Veranstaltung. Schwiesaustraße 4 • www.triebwerk-magdeburg.de

30 **Pearl Club** Zweigeschossige Diskothek mit R&B, Soul, Hip-Hop und mehr. Herrenkrugstraße 150 • Tel.: 0391 818100 • www.pearl-club.de

31 **Prinzzclub** Tanzen zu bester House und Black Music gespielt von nationalen und internationalen DJs. Halberstädter Straße 113 a • Tel.: 0391 5558160 • www.prinzzclub.de • Mi./Fr./Sa. ab 23 Uhr

32 **Sackfabrik** Industrielles Club-Feeling, jede Menge Livekonzerte und DJ-Besuche. Bauernwerder 1 • Tel.: 0391 2544070 • www.sackfabrik.com • Fr./Sa. 22–5 Uhr je nach Veranstaltung

SCHWIMMEN

33 **Barleber See** Im Sommer ein beliebtes Naherholungsgebiet der Magdeburger. Hier gibt es auch einen Campingplatz.

34 **Elbeschwimmhalle** Virchowstraße 9 • Tel.: 0391 5064860

35 **Nautica – Die Wasserwelt** Das Spaßbad Nautica ist mit 1.500 m^2 Wasserfläche ein beliebter Freizeittreff für alle Altersgruppen. Herrenkrugstraße 150 • Tel.: 0391 818100 • www.nautica-wasserwelt.de • Mo.–Do./So. 10–22 Uhr, Fr./Sa. 10–23 Uhr

In der Stadtbibliothek finden regelmäßig Veranstaltungen statt

36 Neustädter See Der Neustädter See ist nicht nur Badesee mit Wasserski-Anlage, auch Angler können hier ihr Glück versuchen.

37 Schwimmhalle Große Diesdorfer Straße Große Diesdorfer Straße 104 a • Tel.: 0391 7391198

38 Schwimmhalle Olvenstedt Johannes-Göderitz-Straße 113 • Tel.: 0391 7226227

FITNESS

39 Sportpark Magdeburg Auf 20.000 Quadratmetern kann man nach Herzenslust an der Fitness ge-

arbeitet werden: Die Anlage verfügt u. a. über sieben Tennishallenfelder, zehn Badminton- und vier Squash-Plätze, Sauna, Solarium und Bowlingbahnen. Salzmannstraße 23 • Tel.: 0391 625470 • Mo.–Fr. 8–22 Uhr, Sa./So. 10–19 Uhr

RADFAHREN

40 Der Elberadweg durch Magdeburg Der Elberadweg ist über zahlreiche Verbindungswege an touristische Sehenswürdigkeiten im Stadtgebiet geknüpft. Stadtführungen per Rad sind ebenfalls möglich. Tel.: 0391 8380401 • www.magdeburg-tourist.de • www.elberadweg.de

KULTUR UND FREIZEIT

INFORMATIONS-ABC

ANREISE

Mit dem Auto Magdeburg besitzt Anbindungen an die Autobahnen A 2 (Hannover–Berlin) und A 14 (Magdeburg–Halle/Leipzig–Dresden). Magdeburg erreicht man auch über die Bundesstraßen B 1, B 71, B 81, B 184, B 189 und B 246.

Mit der Bahn Direkt im Zentrum der Stadt liegt der Magdeburger Hauptbahnhof. Magdeburg ist an das IC-Netz der Bahn angeschlossen. In Magdeburg kreuzen sich wichtige Haupt- (z. B. Schwerin–Magdeburg–Leipzig) und Nebenverbindungen.

Mit dem Flugzeug Internationale Flughäfen befinden sich in unmittelbarer Nähe zu Magdeburg: Berlin und Hannover ca. 150 Kilometer, Leipzig/Halle etwa 100 Kilometer entfernt.

FAHRRADVERLEIH

Elbe Rad Touristik Gerhart-Hauptmann-Straße 2 • Tel.: 0391 7330334 • www.elbe-rad-weg.de

Elberadverleih – Nextbike Am Ulrichplatz 4 • Tel.: 0391 59749825 • www.elberadverleih.de

Herrenkrug Parkhotel Herrenkrug 3 • Tel.: 0391 85080

Hotel „Elbrivera" Alt Prester 102 • Tel.: 0391 81930 • Verleih nach Vereinbarung

Zweirad-Schulz Breiter Weg 38 • Tel.: 0391 5314545 • Brückstraße 11–12 • Tel.: 0391 5314545

Verleih in der City Am Hauptbahnhof, Vorplatz am City-Carré

Am Hasselbachplatz Café Liebig, Liebigstraße 1 • Tel.: 0391 5556754

Am Hundertwasserhaus Breiter Weg 8 a • Tel.: 0391 5977631

InterCity Hotel direkt am Hauptbahnhof, Bahnhofstraße 69 • Tel.: 0391 5962-0

Jugendherberge Leiterstraße 10 • Tel.: 0391 5321010

Tourist-Information Magdeburg Ernst-Reuter-Allee 12 • Tel.: 0391 5404900

BARRIEREFREIHEIT

- Senioren
- Gehbehinderte Menschen
- Rollstuhlfahrer
- Familien

INFORMATION

Tourist-Information Magdeburg
Ernst-Reuter-Allee 12 • Tel.: 0391
19433 • www.magdeburg-tourist.de •
Nov.–März Mo.–Fr. 10–18 Uhr, Sa. 10–
15 Uhr, April–Okt. Mo.–Fr. 10–18.30
Uhr, Sa. 10–16 Uhr

**Tourismusverband Sachsen-Anhalt
e. V.** Tel.: 0391 7384300 • www.touris-
musverband-sachsen-anhalt.de

**Magdeburger Tourismusverband
Elbe-Börde-Heide e. V.** Tel.: 0391
738790 • www.elbe-boerde-heide.de

Stadt Magdeburg www.magdeburg.
de

MEDIEN

Magdeburger Volksstimme Die
Magdeburger Volksstimme infor-
miert täglich über das aktuelle
Stadtgeschehen und alle wichtigen
Termine. Tel.: 0391 59990 • www.
volksstimme.de

DATEs Informationen zum Magdeburger Kultur-, Sport- und Nachtleben
enthält das Stadtmagazin DATEs. Tel.:
0391 7325230 • www.dates-online.de

Urbanite Aktuelle Informationen
zum Freizeit- und Nachtleben der Elbestadt sowie Interviews mit interes-
santen Persönlichkeiten. www.urba
nite.net/de/magdeburg

MOBILITÄT

**MVB Magdeburger Verkehrsbe-
triebe GmbH** Öffentlicher Nahver-
ker. Kundenservice: Otto-von-Gueri-

cke-Straße 25 • Tel.: 0391 5481245 •
Service-Hotline, Tel.: 0800 5481245 •
www.mvbnet.de

Parken Parkplatz Listemannstraße •
Parkplatz Karstadt • Tiefgarage Universitätsplatz • Tiefgarage Allee-Center • Tiefgarage City-Carré • Tiefgarage
Ulrichshaus • Parkplatz Rothehorn-
park

POSTFILIALEN

Breiter Weg 203–206 • Mo.–Fr. 9–19
Uhr, Sa. 9–12 Uhr • Universitätsplatz
11 • Mo.–Fr. 9–12, 14–18 Uhr, Sa. 9–12
Uhr • Olvenstedter Straße 11 • Mo.–Fr.
9–18 Uhr, Sa. 9–12 Uhr

VORVERKAUF

Hauptkasse im Opernhaus Am Universitätsplatz • Tel.: 0391 5406555 •
Mo.–Fr. 10–19.30 Uhr, Sa. 9.30–19.30
Uhr sowie jeweils eine Stunde vor Vorstellungsbeginn

Magdeburg Ticket Ernst-Reuter-Allee 12 • Tel.: 0391 533480 • Nov.–April Mo.–Fr. 10–18.30 Uhr, Sa. 10–15
Uhr, Mai–Okt. Mo.–Fr. 10–19 Uhr, Sa.
10–16 Uhr

Volksstimme Servicecenter Goldschmiedebrücke 15 • Tel.: 01805
121310 • Mo.–Fr. 9–19 Uhr, Sa. 9–14
Uhr

Kartenhaus im Allee-Center Ernst-
Reuter-Allee 11 • Tel.: 0391 5313559
• Mo.–Fr. 9.30–18.30 Uhr, Sa. 9.30–13
Uhr

Karstadt-Service-Center Breiter
Weg 128 • Tel.: 0391 595435 • Mo.–Fr.
9.30–20 Uhr, Sa. 9.30–19 Uhr

REGISTER

PERSONENREGISTER

ABBILDUNGSNACHWEIS

Alle Fotografien von Werner Klapper, Magdeburg, außer:

S. 75: Investitions- und Marketinggesellschaft Sachsen-Anhalt mbH/ Foto: Michael Bader

S. 112, 114: Stadtarchiv Magdeburg

S. 137: Stadtbibliothek Magdeburg/ Foto: Dmitrijs Filimonovs

BILDLEGENDEN

S. 1: Blick von der Grünen Zitadelle auf das Kloster Unser Lieben Frauen

S. 6: Der Hundertwasser-Bau „Die Grüne Zitadelle von Magdeburg"

S. 10: Spielen im Elbauenpark

S. 12: Eine Kanone vor der Lukasklause

S. 14: Viele Parks bieten Entspannung

S. 16: Die Magdeburger Oper am Universitätsplatz

S. 18: Radwanderer-Mekka Magdeburg

S. 20: Blick zum Alten Rathaus und der Johanniskirche

S. 36: Blick über den Domplatz zur „Grünen Zitadelle von Magdeburg"

S. 64: Die Bastion Cleve am Fürstenwallpark

S. 76: Der Bahnhofsvorplatz

S. 86: Die Badende Jungfrau auf dem Breiten Weg

S. 96: Das Pretziener Wehr

S. 112: Magdeburg von der Zitadelle aus, 1855

DANKESCHÖN

Autoren und Verlag bedanken sich bei allen Personen und Institutionen, die den Stadtführer unterstützt bzw. ermöglicht haben. Besonderer Dank gilt der Magdeburger Verkehrsbetriebe GmbH & Co. KG, der Magdeburg Marketing Kongress und Tourismus GmbH, dem Stadtarchiv Magdeburg sowie der evangelischen Domgemeinde Magdeburg.

DIE AUTOREN

Manfred Zander, Jahrgang 1947, lebt als freiberuflicher Journalist in Magdeburg. Er schreibt für Zeitschriften und Zeitungen und ist Mitverfasser eines umfangreichen Sammelwerkes über das Alltagsleben in der DDR. Malte Zander, Jahrgang 1982, promoviert gegenwärtig an der Otto-von-Guericke-Universität Magdeburg zu einem Thema der Anglistik.

Alle Karten: Margot Engel, Kartographisches Büro Graf, Leipzig
außer S. 99: mdv Mitteldeutscher Verlag GmbH, Halle (Saale)

Der Verlag und die Autoren freuen sich über Ihre Hinweise:
info@mitteldeutscherverlag.de

Haftungsausschluss
Die Angaben in diesem Reiseführer wurden gewissenhaft überprüft. Für die Aktualität, Korrektheit und Vollständigkeit übernehmen die Autoren keine Haftung. Die Autoren distanzieren sich aus rechtlichen Gründen von allen Inhalten der aufgeführten Internetseiten. Auf aktuelle und zukünftige Gestaltung, die Inhalte oder Urheberschaft der angeführten Internetseiten haben die Autoren keinen Einfluss.

Redaktionsschluss: 15. Juni 2013

3., neu gestaltete und aktualisierte Auflage, 2013
© mdv Mitteldeutscher Verlag GmbH, Halle (Saale)
www.mitteldeutscherverlag.de

Gesamtherstellung: Mitteldeutscher Verlag, Halle (Saale)

ISBN 978-3-95462-115-6

Printed in the EU